Mosaik bei
GOLDMANN

Buch

Das Enneagramm, eine jahrhundertealte Typenlehre, vereint das Wissen verschiedener Religionen und geistiger Lehren. Anhand einer kreisförmigen geometrischen Figur werden die neun Persönlichkeitstypen und ihre komplizierten wechselseitigen Beeinflussungen dargestellt. So kann mithilfe des Enneagramms die eigene Persönlichkeit erforscht werden. Individuelle Übungen und konkrete Strategien helfen, schlechte Eigenschaften abzulegen, geistige Barrieren aufzuheben, Beziehungen zu vertiefen und innere Freiheit sowie Zufriedenheit zu finden.

Autor

Jo von Haecker, Philosoph und Psychologe, beschäftigt sich seit Jahren mit den Schnittstellen von Psychologie, Philosophie und Spiritualität. Er gibt Seminare zu Personaler Integration, Enneagramm-Arbeit und der Philosophie des Glücks

Jo von Haecker

Enneagramm

Die neun Wege zu einem
besseren Selbstverständnis

Mosaik bei
GOLDMANN

Alle Ratschläge in diesem Buch wurden vom Autor und vom Verlag sorgfältig erwogen und geprüft. Eine Garantie kann dennoch nicht übernommen werden. Eine Haftung des Autors beziehungsweise des Verlags und seiner Beauftragten für Personen-, Sach- und Vermögensschäden ist daher ausgeschlossen.

Bildnachweis: Lizenzfrei: 8, 35 (Gettyimages/digitalvision), 29 (Stockdisc), 46 (Gettyimages/Cultura/Philip Lee Harvey), 104 (Gettyimages/Photodisc), 123 (Corbis); Panthermedia, München: 118 (Sonja Witter); Südwest Verlag, München: 15 (Angela Feld)

FSC
Mix
Produktgruppe aus vorbildlich
bewirtschafteten Wäldern und
anderen kontrollierten Herkünften
Zert.-Nr. SGS-COC-1940
www.fsc.org
© 1996 Forest Stewardship Council

Verlagsgruppe Random House FSC-DEU-0100
Das für dieses Buch verwendete FSC-zertifizierte Papier *Pamo Sky*
liefert Arctic Paper Mochenwangen GmbH.

1. Auflage
Vollständige Taschenbuchausgabe Dezember 2009
Wilhelm Goldmann Verlag, München,
in der Verlagsgruppe Random House GmbH
© 2003 Ullstein Heyne List GmbH & Co. KG, München
Umschlaggestaltung: Uno Werbeagentur, München
Umschlagillustration: FinePic®, München
Satz: Uhl+Massopust, Aalen
Druck und Bindung: GGP Media GmbH, Pößneck
FK · Herstellung: IH
Printed in Germany
ISBN 978-3-442-17140-9

www.mosaik-goldmann.de

Inhalt

Das Enneagramm als Spiegel der Seele 9

Einleitende Worte 11

Alte Wurzeln, neue Erkenntnisse 14

Selbsterkenntnis und Menschenkenntnis 19

Die Grundlagen des Enneagramms 22

Das Bild der Persönlichkeit im Enneagramm 24

Dimensionen des Enneagramms 29

HEKT – Der Enneagramm-Kurztest 38

Wer bin ich? 41

Inhalt

Die neun Persönlichkeitsprofile 47

1 – Der Prinziporientierte 49

2 – Der Liebesorientierte 55

3 – Der Erfolgsorientierte 61

4 – Der Selbstorientierte 67

5 – Der Erkenntnisorientierte 73

6 – Der Sicherheitsorientierte 79

7 – Der Lustorientierte 85

8 – Der Machtorientierte 91

9 – Der Harmonieorientierte 97

Das Enneagramm im Überblick 105

Die neun Persönlichkeiten 107

Das Umsetzen von Erkenntnissen 116

Literatur 124

Register 126

Das Enneagramm
als Spiegel der Seele

Wer sich selbst erkennt, mit all seinen Stärken und Schwächen, seinen Ängsten und Möglichkeiten, wird seinen eigenen Lebenssinn und seine wahre Bestimmung entdecken. Die Reise zu uns selbst ist manchmal beschwerlich, manchmal leicht, mitunter steigen wir in tiefe Täler hinab, um dann wieder von den Gipfeln in die Weite zu blicken. Immer aber ist die Reise spannend und zutiefst befriedigend. Es führen manche Pfade nach innen, zur Selbsterkenntnis. Der Weg über das Enneagramm ist einer dieser Pfade.

Einleitende Worte

Das Enneagramm (von gr. ennea = »neun« und gramma = »Zeichen, Buchstabe«) ist eine Schule der Selbsterkenntnis. Es zeigt neun Persönlichkeitstypen, ihr Lebensthema, ihre Grundängste – und wie sie sich entwickeln können. Das Enneagramm will nicht einordnen und klassifizieren, sondern die Selbsterkenntnis erleichtern und durch diese Selbsterkenntnis befreien.

Es gibt mittlerweile einige Bücher zum Thema »Enneagramm«. Jedes dieser Bücher ist interessant und enthält wichtige Gedanken. Denn trotz seiner grundlegenden Einfachheit ist das Enneagramm so vielschichtig, dass jeder Autor immer wieder neue Aspekte findet, über die es sich zu schreiben lohnt. Und weil es so viel über das Enneagramm zu sagen gibt, sind diese Bücher in der Regel recht umfangreich.

In der Tat wäre es nicht besonders schwer, ein mehrbändiges Werk mit vielen tausend Seiten über das Enneagramm zu verfassen. Und immer noch wäre nicht alles gesagt. Das hat auch seinen Grund: Im Enneagramm bildet sich die Vielschichtigkeit des Menschen ab. Wie sollte diese nahezu unendliche Vielfalt jemals vollständig

Auffallend am Enneagramm ist die offene Struktur, die auf Wandel und Entwicklung hinweist.

abgebildet werden können? Der Dichter Christian Morgenstern sagte einmal: »Das Ich ist die Spitze eines Kegels, dessen Boden das All ist.«

Es gab zwei entscheidende Gründe, dass ich mich dazu entschloss, diese Übersicht zu schreiben und nicht ein weiteres umfangreicheres Buch: Einmal ist es ein Erfahrungswert, dass viele Menschen, die vom Enneagramm hören, zwar interessiert sind, jedoch von dem Umfang der Bücher über das Thema oft abgeschreckt werden. Sie haben oft den (falschen) Eindruck, dass das Enneagramm zu kompliziert wäre. Zum zweiten aber gibt es bisher kein

Einleitende Worte

Buch, in dem diejenigen, die schon tiefer in das Thema eingestiegen sind, schnell das Wichtigste nachschlagen können.

Dazu dient nun dieses Buch. Er hilft denjenigen, die sich zum ersten Mal mit dem Enneagramm beschäftigen, zu verstehen, um was es grundsätzlich geht, ohne Hunderte von Seiten durcharbeiten zu müssen – und es ist ein Nachschlagewerk für »Fortgeschrittene«. Selbstverständlich kann es auf den wenigen Seiten nicht so sehr in die Tiefe gehen wie die Werke von Claudio Naranjo, Don Richard Riso, Helen Palmer und anderen. Es soll und kann diese Bücher nicht ersetzen, sondern einführen, ergänzen und einen Überblick verschaffen.

Sie werden, wenn Sie dieses Buch gelesen haben, verstehen, was das Enneagramm im Grunde ausmacht und schon erahnen, welche Möglichkeiten es bietet. Und dann werden Sie wahrscheinlich noch mehr wissen wollen. Wenn das mit dieser Übersicht gelingt, hat es seinen Zweck erfüllt.

»Wir brauchen nicht so fortzuleben, wie wir gestern gelebt haben. Macht euch nur von dieser Anschauung los, und tausend Möglichkeiten laden uns zu neuem Leben ein.«
                                                    Christian Morgenstern

Alte Wurzeln, neue Erkenntnisse

Die Geschichte des Enneagramms liegt bis heute im Dunkeln. Manche vermuten uralte Wurzeln in Babylon vor 4500 Jahren. Tatsächlich spielte die Neun in vielen alten Kulturen eine Rolle – beispielsweise im alten Ägypten, bei den Chinesen, den Germanen, Griechen, Römern und im Judentum.

Viele Autoren führen das Enneagramm auf geheime Lehren des Sufismus zurück, einer mystischen Tradition des Islam, deren Anfänge auf das 10. Jahrhundert zurückgehen – doch es gibt keinerlei Belege dafür (was selbst bei Geheimlehren selten ist). Die jüdische Kabbala (hebr. qabbalah: Überlieferung), eine jüdisch-mystische Bewegung des 13. Jahrhunderts, wurde ebenfalls als möglicher Ursprung genannt; eindeutige Belege gibt es auch hierfür nicht. Der deutsche Enneagramm-Experte Andreas Ebert wies auf Ähnlichkeiten mit den Lehren des Wüstenvaters Evagrius Ponticus (345–399) hin und stellte die Theorie auf, das Enneagramm habe altchristliche Wurzeln. Er nennt auch den Franziskaner Raimundus Lullus (1232–1315), dessen Werk in der Tat eine unverkennbare Nähe zum Enneagramm zeigt. Der Jesuit und Philosoph Athanasius Kircher (1601–1680) beschrieb sogar eine Figur, die er Enneagramm nannte; diese Figur bestand aus

Alte Wurzeln, neue Erkenntnisse

drei gleichseitigen Dreiecken – eine Persönlichkeitslehre verband er, soweit bekannt ist, allerdings nicht damit.

Wesentlich älter sind die Ideen von Pythagoras (570–500 v. Chr.), der etwa 530 v. Chr. in Kroton, einer griechischen Kolonie im Süden Italiens, eine philosophisch-mystische Schule gründete. Die Pythagoreer waren von der mathematischen Ordnung der Welt überzeugt und entwickelten ein Zahlenmodell, das sie als letztes Prinzip der Proportionen, der Ordnung und der Harmonie des Universums ansahen. Durch ihre Studien schufen sie die Basis der Mathematik – und sie waren die Ersten, die die

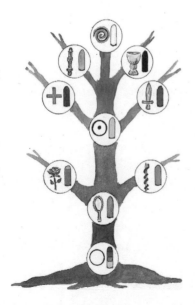

Manche vermuten den Ursprung des Enneagramms in den Lehren der jüdischen Kabbala.

Erde als Kugel betrachteten. Vielleicht gehen die oben genannten Traditionen letztlich allesamt auf Pythagoras zurück.

Mystiker und Psychologen

Fruchtbarer scheint es jedoch, die nachweisbare Geschichte des Enneagramms, wie wir es heute kennen, nachzuvollziehen. Diese Geschichte begann 1916, als der Mystiker George Iwanowitsch Gurdjieff (1877–1948) in Moskau zum ersten Mal nachweislich das Enneagramm-Symbol vorstellte. Allerdings war das Enneagramm bei Gurdjieff kein psychologisches Symbol, sondern eine dynamische Struktur des Kosmos. Später entwickelte er seine »Movements« oder Heiligen Tänze, denen das Enneagramm als Symbol in Bewegung zugrunde lag. Das Enneagramm wurde in den zwanziger Jahren auch zum Logo für sein spirituelles Zentrum.

Erst 40 Jahre später stellte Oscar Ichazo (*1931) das Enneagramm als Typologie dar. Er nannte ebenso wenig wie Gurdjieff nachvollziehbare Quellen, sondern berief sich auf nicht näher benannte sufistische Meister und eigene Visionen. Ichazo gründete eine spirituelle Schule (das ARICA-Institut), wo er das Enneagramm, das er zunächst »Enneagon« nannte, lehrte.

Anfang der siebziger Jahre lernte Claudio Naranjo (*1945) bei Ichazo das Enneagramm kennen. Naranjo ist Psychiater und Gestalttherapeut, der im Bereich Persönlichkeitsentwicklung und Persönlichkeitstypologien forschte. Er, seine Schüler (u. a. der Jesuitenpater Robert Ochs und Helen Palmer) sowie deren Schüler (u. a. Don Richard Riso) entwickelten das Enneagramm weiter.

Das Enneagramm heute

Es haben sich im Laufe der Jahre verschiedene Schulen des Enneagramms herausgebildet. Naranjo vertrat eine psychologisch-spirituelle Sichtweise (der auch dieses Buch verpflichtet ist), seine Schülerin Helen Palmer, die eine Reihe hervorragender Bücher zum Enneagramm verfasste, ist psychologisch-esoterisch orientiert und Bob Ochs, ein Jesuit, vertrat die christlich-religiöse Richtung, die besonders weite Verbreitung gefunden hat.

Das Enneagramm ist vielschichtig und stets in Bewegung. Neue Lehrer entwickeln das Enneagramm stets weiter – doch die Essenz des Enneagramms ist seit den 30 Jahren, in denen es weltweite Verbreitung und Anerkennung gefunden hat, dieselbe geblieben. Die Wurzeln des Enneagramms sind, auch wenn es, zumindest in seiner heutigen Form, ein Produkt des 20. Jahrhunderts ist, in gewisser Weise uralt.

Das Enneagramm als Spiegel der Seele

Denn alle spirituellen Lehren – Buddhismus, Sufismus, christliche und jüdische Mystik – sind keine bloßen Konstrukte, sondern versuchen, die Dinge hinter den Dingen zu beschreiben. Und so ist auch das Enneagramm wie alle echten spirituellen, psychologischen und philosophischen Einsichten zeitlos – uralt und immer wieder neu.

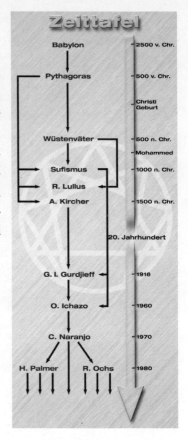

Selbsterkenntnis und Menschenkenntnis

Das griechische Delphi war als das berühmteste Orakel der antiken Welt bekannt. Über dem Eingang des Apollontempels, in dem das Orakel zu Hause war, stand: Erkenne dich selbst! Das Ziel der Selbsterkenntnis ist eine der wichtigsten Schnittstellen von Philosophie, Psychologie (vor allem der Humanistischen Psychologie) und Spiritualität.

Nun ist es ja leicht gesagt: Erkenne dich selbst! Mit der Aufforderung ist es jedoch nicht getan. Vieles steht der Selbsterkenntnis entgegen: unsere Lernerfahrungen, emotionalen Verletzungen, Fixierungen – und nicht zuletzt gerade unser Selbst. Bei der Suche nach Selbsterkenntnis ist also in der Regel eine Hilfestellung notwendig. Freilich gibt es Menschen, die ihr Leben der Suche nach den eigenen Motiven, Antrieben, Blockaden, Fehlern, Eigenschaften und Möglichkeiten widmen.

Aber ebenso klar ist auch, dass für die meisten Menschen dieser Weg nicht wirklich realistisch ist. Und selbst wenn man sich ausschließlich dem Ziel der Selbsterkenntnis verschrieben hat, wird man durchaus dankbar für jede Hilfe auf dem Weg sein.

Philosophie, Spiritualität, Psychologie

Aus den unterschiedlichsten Richtungen und Schulen wurden Möglichkeiten vorgeschlagen, die Suche nach dem eigentlichen Selbst zu erleichtern.

▶ Für die Philosophie ist der geistige Weg charakteristisch: Erkenntnis durch Nachdenken.

▶ Die spirituellen Traditionen und die Religionen schlugen Methoden wie Meditation vor: Erkenntnis durch direkte Erfahrung.

▶ Die Humanistische Psychologie hat mit großem Erfolg gezeigt, dass in einer therapeutischen Beziehung, die von unbedingter, nicht wertender Aufmerksamkeit geprägt ist, die Selbsterkenntnis enorm erleichtert wird: Erkenntnis durch Emotionen.

Das Enneagramm ist ein kraftvolles Instrument zur Selbsterkenntnis auf allen Ebenen. Es erleichtert die Suche nach dem Selbst, indem es grundlegende Persönlichkeitsstrukturen aufzeigt. Das erleichtert es enorm, sich selbst wiederzufinden. Die neun Typen des Enneagramms leugnen nicht die Tatsache, dass jeder Mensch verschieden ist. Das Enneagramm zeigt zunächst nur die groben Muster und die damit zusammenhängenden Probleme und Möglichkeiten – und macht es so viel einfacher, seine eigenen Fehler, Stärken und sein Potenzial im Zusammenhang zu sehen. Überdies ist die Tiefenstruktur des Enneagramms ungeheuer komplex, sodass es viele hundert Untertypen gibt. Das Enneagramm ist kein »Kasten mit neun Schubladen«, sondern ein Spiegel, der ja auch nicht kategorisiert und einordnet, sondern nur das zeigt, was ist.

Aus dem Gesagten ergibt sich auch, dass die Anwendung des Enneagramms zur Beurteilung anderer Menschen weitaus problematischer ist. Wer sich mit dem Enneagramm befasst, wird – da sollten wir ganz ehrlich sein – erst einmal dazu neigen, seine Mitmenschen einzuordnen und sich zu fragen, welcher Enneagrammtyp er oder sie wohl sein mag. Das ist ja im Grunde auch nichts Schlechtes. Und tatsächlich kann das Enneagramm auch eine große Hilfe zur Menschenkenntnis und vor allem zum Menschenverständnis sein. Wichtig ist dabei aber, sich stets darüber im Klaren zu sein, dass wir immer wieder irren können, so erfahren wir auch sein mögen, und dass wir mit dem Beurteilen nie ein Verurteilen, sondern immer nur ein Verstehen verbinden.

Die Grundlagen des Enneagramms

Das Enneagramm zeigt Ihnen den Weg zu sich selbst. Es kann jedoch nicht den Weg für Sie gehen – Sie selbst müssen sich auf die Selbstentdeckungsreise begeben. Das Enneagramm kann Ihnen dabei eine große Hilfe sein. Wie eine Landkarte, so führt Sie auch das Enneagramm durch unbekanntes Gebiet.

Auf den ersten Blick scheint das Enneagramm vielleicht sehr simpel: Man macht einen Enneagramm-Test oder findet sich in den Beschreibungen eines Enneagramm-Typs wieder – und dann weiß man, wer man ist. Doch leider ist es nicht ganz so einfach: Das Enneagramm ist unendlich vielschichtiger – ein Wegweiser zur Selbstfindung, ein Werkzeug, das den Weg zu sich selbst ein wenig strukturiert. Denn jene, die sich selbst erforschen wollen, stehen oft vor einem Problem, das nur auf den ersten Blick leicht zu lösen scheint: Wo soll ich beginnen? Das Enneagramm zeigt, wo man anfängt – und wie man auf dem Weg der Selbsterkenntnis weiter voranschreitet.

Vor allem aber hilft das Enneagramm, direkt zum Kern der Persönlichkeit vorzudringen. In den positiven Aspekten der Beschreibung eines Enneagramm-Typs findet man sich relativ leicht wieder. Aber wirklich berühren werden einen die Hinweise auf die grundlegenden Ängste, Selbstdefinitionen und Selbsttäuschungen. Jeder, der mit seiner persönlichen Angst, Selbstdefinition und Illusion konfrontiert wird, reagiert automatisch: zunächst mit Abwehr und Unbehagen, dann mit erschrockener Einsicht und dann – dann wird es interessant. Werden die eigenen Fixierungen erst einmal erkannt und angenommen, beginnen sich die alten Muster aufzulösen. Indem man begreift, wie man ist, wird man nicht ein anderer Mensch. Man kann erst wirklich zu sich selbst finden. Die Einsicht »Das bin ich!« ist eine Befreiung. Ich bin der, der ich bin – ich muss niemand anders sein. Indem ich mich erkenne, kann ich mich verwirklichen, wirklich ich selbst werden, mit all den Möglichkeiten, die meine Persönlichkeit beinhaltet. Und dann, mit dieser Befreiung, kann wahres Wachstum stattfinden.

Wendet man das Enneagramm auf diese Art und Weise an, ist es auch ein faszinierendes Instrument zur Menschenkenntnis. Indem ich die Fixierungen eines Menschen erahne, verstehe ich ihn, kann ihn auch mit seinen Schwächen voll und ganz annehmen und weiß, dass in ihm – ganz gleich, welcher Typ es ist – ein ganzes Universum voller Möglichkeiten steckt.

Das Bild der Persönlichkeit im Enneagramm

Der Kern des Enneagramms sind die neun Persönlichkeitstypen. Doch es hat noch viele andere Dimensionen. Im Abschnitt, in dem ich die Typen vorstelle, werde ich auf einige dieser Dimensionen für jeden einzelnen Charakter eingehen. Dazu ist es jedoch wichtig, zunächst einmal die Bedeutung solcher Begriffe wie »Triade«, »Flügel«, »Falle und Befreiung«, »Evolution und Devolution«, »Angst und Abwehr« und »Dimensionen« zu klären.

Bauch, Herz, Kopf – Die Triaden

Die Grobstruktur des Enneagramms ist eine alte, sehr einfache, aber einleuchtende Dreiteilung. Jeder weiß, dass es Menschen gibt, die eher aus dem Bauch heraus handeln und dazu neigen, ihren Trieben zu folgen – andere, die auf ihr Herz hören und die von ihren Gefühlen gesteuert werden – und wieder andere, in deren Leben der Kopf, die rationalen Gedanken die wichtigste Rolle spielen. Diese drei Grundmuster finden sich im Enneagramm wieder.

Die so genannten Triaden sind jeweils drei Enneagramm-Typen, die einem der oben genannten Grundmuster angehören:

▶ Bauchmenschen: Die Acht, Neun und Eins

Die Grundlagen des Enneagramms

▶ Herzmenschen: Die Zwei, Drei und Vier

▶ Kopfmenschen: Die Fünf, Sechs und Sieben

Diese drei mal drei Triaden bilden die neun Persönlichkeiten des Enneagramms.

Die neun Persönlichkeiten

Die neun Persönlichkeitsprofile sind der Kern des Enneagramms. Um diesen Kern herum entfaltet sich die ganze Komplexität des Enneagramms. Bevor man mit dem Enneagramm arbeiten kann, ist es ganz entscheidend,

Jeweils drei der neun Typen des Enneagramms sind einer der Triaden zugeordnet.

Das Enneagramm als Spiegel der Seele

---

sich erst einmal mit den neun Persönlichkeiten zu befassen: Jedes der neun Profile charakterisiert den Wesenskern einer Persönlichkeit.

Natürlich werden Sie in allen Enneagramm-Profilen Teile Ihrer selbst wiederfinden. Doch es ist wichtig, dass Sie herausfinden, wo Ihr Wesenskern liegt. Auch wenn jeder Mensch eine vielschichtige Persönlichkeit hat, die auch durch das Enneagramm niemals vollkommen erfasst werden kann, so hat jeder Mensch doch einen zentralen Wesenskern, der durch seine Grundangst, sein Grundbedürfnis, seine charakteristische Versuchung, seine Selbstdefinition und andere Parameter definiert ist. Und jeder hat einen Wesenskern, nicht mehrere!

Die neun Persönlichkeiten des Enneagramms sind:

▶ Die Eins – Der Prinzipienorientierte

▶ Die Zwei – Der Liebesorientierte

▶ Die Drei – Der Erfolgsorientierte

▶ Die Vier – Der Selbstorientierte

▶ Die Fünf – Der Erkenntnisorientierte

▶ Die Sechs – Der Sicherheitsorientierte

- Die Sieben – Der Lustorientierte

- Die Acht – Der Machtorientierte

- Die Neun – Der Harmonieorientierte

Es gibt verschiedene andere Bezeichnungen für die Persönlichkeitstypen. Sie finden diese bei den einzelnen Persönlichkeitsprofilen. Ich habe die Grundorientierung als bezeichnenden Namen gewählt, da diese Bezeichnung schon sehr deutlich auf den Wesenskern der betreffenden Persönlichkeit hinweist.

Die Flügel

Natürlich gibt es nicht nur neun verschiedene Menschentypen. Es gibt zwar neun Grundmuster, aber unzählige Varianten. Jeder Mensch ist einmalig – und das spiegelt sich auch im Enneagramm wider.

Ein erstes Unterscheidungskriterium zwischen Persönlichkeiten, die demselbem Typ angehören, sind die so genannten Flügel – die beiden Persönlichkeitstypen, die neben dem Haupttyp liegen. Jeder Mensch hat eine Tendenz zu einem der beiden Flügel; diese Tendenz »färbt« sein Persönlichkeitsbild. Wie sich diese Färbung auswirkt, hängt von vielen Faktoren ab, vor allem aber von der Entwicklung der Person.

Lassen Sie sich jetzt aber nur nicht verwirren! Bevor Sie sich Gedanken darüber machen, welcher Flügel bei Ihnen dominieren könnte, sollten Sie sich erst einmal Klarheit darüber verschaffen, welches Ihr Haupttyp ist. Erst wenn Sie das geklärt haben, ist es sinnvoll, bei den Flügeln nachzuforschen, ob manche Ihrer Eigenschaften, die Ihnen weiterhin unerklärlich sind, dort auftauchen.

Dimensionen des Enneagramms

Jede der neun Enneagramm-Persönlichkeiten definiert sich selbst auf charakteristische Art und Weise, hat charakteristische Bedürfnisse, Ansprüche, Ängste, Abwehrmechanismen und wird von einer charakteristischen Problematik getrieben. Aber jede dieser Persönlichkeiten hat auch ihre ganz besonderen Stärken, Ressourcen und Möglichkeiten zum Wachstum.

Die Beschreibungen der neun Enneagramm-Punkte sind in mehrere Abschnitte aufgeteilt. Ich habe dabei immer zwei Dimensionen, die in einem Zusammenhang stehen, gemeinsam behandelt. Letztlich stehen jedoch sämtliche Dimensionen miteinander in Verbindung.

Selbstdefinition und Vermeidung. Jeder Mensch hat einen Satz, über den er sich selbst definiert. Diese eine Aussage fasst viele Aspekte des Charakters zusammen und wirft ein erstes Licht auf die Motivation, die den betreffenden Menschen zum Handeln veranlasst. Insbesondere

hängt die Selbstdefinition mit der typischen Vermeidung zusammen – das, was die Eigenschaft, über die man sich selbst definiert, infrage stellen könnte, wird vermieden.

Überlegen Sie sich doch einmal, bevor Sie die neun Persönlichkeitsprofile lesen, wie Sie sich selbst definieren würden. Sicher wird eine Beschreibung, die Ihnen voll und ganz gerecht wird, mehr als einen Satz umfassen müssen. Aber versuchen Sie, zum Wesentlichen vorzudringen: Sagen Sie »Ich bin...« und ergänzen Sie dies mit höchstens drei Wörtern.

Bedürfnis und Anspruch. Das charakteristische Grundbedürfnis eines jeden Enneagramm-Typs steht ebenfalls mit der Selbstdefinition im Zusammenhang. Wer sich selbst als erfolgreichen Menschen definiert, hat das Bedürfnis, aufgrund seiner Leistungen anerkannt zu werden – und er hat an sich und andere den Anspruch, tüchtig zu sein.

Versuchen Sie herauszufinden, wo Ihr tiefstes Bedürfnis liegt. Wenn Sie glauben, dieses Bedürfnis erkannt zu haben, können Sie überlegen, welcher Anspruch daraus erwächst.

Angst und Abwehr. Ein jeder Enneagramm-Typ ist weiterhin durch eine bestimmte Grundangst charakterisiert. Auch diese Angst hängt natürlich mit den oben genannten Variablen zusammen. Nun werden Ängste aber in der Regel nicht einfach ertragen, sondern so gut wie möglich abgewehrt.

Überlegen Sie einmal, wo Ihre Angst sitzt. Es gibt natürlich vielerlei Ängste, die nicht mit der Grundpersönlichkeit zusammenhängen. Doch eine Angst gibt es, die tiefer sitzt – eine Angst, die den Kern Ihrer Persönlichkeit trifft. Welche Angst könnte das bei Ihnen sein – und wie vermeiden Sie das Auftreten dieser Angst?

Aufmerksamkeit und Blindheit. Die Welt ist nicht »objektiv« vorhanden, sondern stets ein subjektiv Wahrgenommenes. Sicherlich kennen Sie das Paradebeispiel: Ein Optimist wird ein Glas, das zur Hälfte mit Wasser gefüllt ist, als halb voll bezeichnen, ein Pessimist als halb leer und ein Ingenieur wird sagen, dass das Gefäß nicht zum Inhalt passt. Alle drei Aussagen sind »richtig«. Aber jede weist auf einen anderen Aufmerksamkeitsschwerpunkt hin – der mit einer gewissen Blindheit für andere Wahrnehmungen gekoppelt ist. Denken Sie darüber nach, für welche Dinge, Situationen, Beziehungen Sie ein besonders gutes Auge haben. Überlegen Sie dann, ob Sie für das Gegenteil davon blind oder zumindest etwas kurzsichtig sind.

Kernproblematik und Ressource. In der Bibel werden sieben Todsünden genannt: Zorn, Stolz, Neid, Geiz, Unmäßigkeit, Unkeuschheit und Trägheit. Diesen Sünden fügte Oscar Ichazo noch Lüge und Angst hinzu und hatte damit neun charakteristische Probleme der neun Enneagrammtypen gefunden. Ich halte allerdings den Begriff »Sünde« für problematisch und habe ihn daher durch ein neutraleres Wort ersetzt. Auch die »Sünden« selbst habe ich dort, wo andere Worte den Kern der Sache besser auf den Punkt brachten, anders genannt. Jeder Kernproblematik steht eine innere Kraftquelle gegenüber, die sie vor dem Schlimmsten bewahren kann.

Falle und Befreiung. Der Mensch hat einen Drang in sich, seine Möglichkeiten auszuschöpfen. Doch dabei geschieht es nicht selten, dass er einen Irrweg einschlägt. Dieser Irrweg verheißt Entwicklung, führt jedoch letztlich ins Negative und zum Stillstand.

Selbstverständlich hat jedoch jeder Persönlichkeitstyp die Chance zur wirklichen Weiterentwicklung, eine charakteristische Tugend, die zu entwickeln unabdingbar für eine tatsächliche Entfaltung seines Potenzials ist.

Evolution und Devolution. Jeder Mensch hat die Möglichkeit, sich weiterzuentwickeln und sein Potenzial zu entfalten. Diese Entwicklung heißt Evolution oder Integration. Leider ist aber auch das Gegenteil möglich, nämlich dass sich ein Mensch mehr und mehr zurückentwickelt, seine Möglichkeiten immer eingeschränkter

Dimensionen des Enneagramms

*Die positiven Entwicklungslinien des Enneagramms.
Die 5 entwickelt sich z. B. positiv zur 8.*

werden und zunehmend negative Eigenschaften des Typs in den Vordergrund treten. Diese Entwicklung ist sozusagen eine umgekehrte Evolution: eine Devolution oder Desintegration.

Das Enneagramm berücksichtigt diese Entwicklungsmöglichkeiten und zeigt sie in seiner Struktur durch Pfeile an – die Evolutions- oder Integrationslinie verläuft entgegen der Pfeilrichtung, die Devolutions- oder Desintegrationslinie folgt den Pfeilen (siehe Seite 115).

Evolutionslinien: Eins-Sieben-Fünf-Acht-Zwei-Vier-Eins bzw. Neun-Drei-Sechs-Neun.

Devolutionslinien: Eins-Vier-Zwei-Acht-Fünf-Sieben-Eins bzw. Neun-Sechs-Drei-Neun.

Wichtig ist zu wissen, was die Linien nun eigentlich zeigen. Evolution oder Integration findet dann statt, wenn sich der Mensch sicher und frei fühlt. In der Sicherheit besteht erst die Möglichkeit zur positiven Weiterentwicklung. Ein bestimmter Enneagramm-Persönlichkeitstyp wird sich allerdings nicht in beliebiger Art und Weise entwickeln, sondern in Richtung auf die positiven Eigenschaften eines anderen Typs – nämlich dem, der im Enneagramm mit einer Linie gegen die Pfeilrichtung mit ihm verbunden ist. Devolution oder Desintegration findet dagegen bei Stress statt: Unter Druck bleibt nur eine bevorzugte Ausweichrichtung, die im Enneagramm durch die Verbindungslinien in Pfeilrichtung gekennzeichnet ist.

Die Grundregel lautet also: Um sich weiter zu entwickeln, benötigt jeder Mensch das Gefühl der Sicherheit, in der er dann neue Wege beschreiten kann. Helen Palmer weist jedoch ganz richtig auf Ausnahmen hin. Unter bestimmten Umständen kann auch unter Stress, also auf der Devolutionslinie, eine positive Entwicklung stattfinden. Meiner Erfahrung nach trifft das zwar zu, aber

Dimensionen des Enneagramms

diese Möglichkeit der Entwicklung entlang der Devolutionslinie ist nur unter der Begleitung eines erfahrenen Lehrers möglich – der zwar Stress zulässt, aber keine grundlegende Unsicherheit. Es gibt durchaus bekannte Beispiele für die Entwicklung auf der Devolutionslinie. So werden in buddhistischen Zen-Klöstern den Mönchen gegen Stolz Übungen wie Bodenfegen oder Latrinensäubern aufgegeben. Durch diese Übung können die Schüler Demut lernen – aber eben nur, wenn ein erfahrener Meister mit der auftretenden Frustration umzugehen weiß.

Berühmte Persönlichkeiten

Ich habe versucht, jedem Enneagramm-Typ ca. vier bedeutende Persönlichkeiten zuzuordnen. Nehmen Sie diese Persönlichkeiten als Beispiele – aber vergleichen Sie sich nicht mit diesen. Es kann sehr interessant sein, über eine bekannte Persönlichkeit im Lichte des Enneagramms nachzudenken.

Die jeweils als letzte genannte Berühmtheit nimmt eine Sonderstellung ein. Ich habe mich bemüht, für jeden der neun Enneagrammtypen einen bekannten, hoch entwickelten, »befreiten« Vertreter zu finden.

Entwicklungstipps

Der letzte, aber sicherlich nicht unwichtigste Punkt, den ich bei den neun Persönlichkeitsprofilen behandeln werde, sind Vorschläge für die positive Entwicklung eines jeden Typs. Eigentlich ergeben sich die Tipps aus den vorher genannten Ängsten, Problemen, Fallen, Versuchungen und Befreiungen. Da wir alle jedoch ein wenig dazu neigen, manche Wahrheiten zu übersehen, die unsere Persönlichkeit in ihrem Kern treffen, habe ich für jeden umfangreiche »Entwicklungstipps« zusammengestellt.

Bevor Sie jedoch daran gehen, sich weiterzuentwickeln, möchte ich Ihnen empfehlen, sich erst ausführlich mit dem gegenwärtigen Zustand Ihrer Persönlichkeit zu beschäftigen. Sehr sinnvoll ist es auch, wenn Sie sich, bevor Sie die »Entwicklungstipps« lesen, erst einmal selbst Gedanken machen, was Sie vielleicht voranbringen würde. Sicherlich werden Sie selbst dann schon auf einige wichtige Ideen kommen. Und ein Weg, den Sie ganz allein gefunden haben, befriedigt ja noch ein wenig mehr.

HEKT – Der Enneagramm-Kurztest

Es gibt mittlerweile eine ganze Reihe Tests, mit denen man seinen Enneagramm-Typ ermitteln kann. Einer der am besten konstruierten Tests ist zurzeit wohl der RETI, den Don Richard Riso entwickelte. Doch alle diese Tests haben einen schwerwiegenden Nachteil: Sie können der Komplexität des Menschen nicht wirklich gerecht werden. Das Sich-selbst-Erkennen in den Persönlichkeitsprofilen des Enneagramms kann ein Test nicht ersetzen.

Ich habe die gängigen Enneagramm-Tests untersucht und dabei festgestellt, dass sich die Ergebnisse dieser Tests bei ein und demselben Menschen oft widersprechen. Die Wahrscheinlichkeit, mit dem RETI (dem zuverlässigsten Test) die zutreffende Enneagramm-Persönlichkeit zu ermitteln, liegt nur bei gut 70 Prozent; andere Tests liegen noch darunter.

Ein Test hat auch noch einen weiteren Nachteil: Hat jemand mit einem Test herausgefunden, wer er sein könnte, neigt er eher dazu, sich nicht mehr so intensiv mit den Persönlichkeitsprofilen zu befassen. Doch gerade die aufrichtige Beschäftigung mit den Beschreibungen der Enneagramm-Persönlichkeiten ist ja ein essenzieller Teil der Enneagramm-Arbeit!

Vorbereitung auf den Test

Nun wundern Sie sich wahrscheinlich, dass ich hier dennoch einen Test vorstellen möchte. Der HEKT (Haecker-Enneagramm-Kurztest) wurde von mir nach ausführlichen Analysen entwickelt. Doch auch für den HEKT gilt selbstverständlich das oben Gesagte! Ich möchte Ihnen folgendes Vorgehen vorschlagen:

❶ Beantworten Sie die Fragen des Tests. Kreuzen Sie jeweils »J« (Ja) oder »N« (Nein) an, je nachdem, ob die Aussage der Frage auf Sie zutrifft oder nicht. Was die Zahlen, die hinter J/N stehen, bedeuten, erfahren Sie später, bei der Auswertung. Machen Sie jedoch die Auswertung jetzt noch nicht!

❷ Lesen Sie alle neun Persönlichkeitsprofile aufmerksam durch. Vielleicht spüren Sie bei dem einen oder anderen Text sofort, wenn Sie auf Ihren Enneagramm-Typ stoßen. Aber bleiben Sie offen!

❸ Stellen Sie sich das Leben einer Person vor, auf die das Profil zutrifft, das Sie lesen. Tun Sie dies bei allen neun Enneagramm-Typen. Vergleichen Sie nun aufrichtig, ob eine dieser Persönlichkeiten, die Sie sich vorgestellt haben, große Ähnlichkeiten mit Ihnen und Ihrem Leben aufweist. Höchstwahrscheinlich finden Sie dadurch den auf Sie zutreffenden Enneagramm-Typ.

❹ Jetzt, nachdem Sie schon einigermaßen sicher sind, welcher Typ Sie sein könnten, kehren Sie zum Test zurück und machen die Auswertung. Falls sich dabei etwas anderes ergibt als bei Ihrer Selbstdiagnose, gehen Sie noch einmal in sich. Aber machen Sie sich auch klar: Wenn der Test etwas anderes zeigt, bedeutet das nicht, dass der Test richtig ist und Sie falschlagen!

Wer bin ich?

Das Ennegramm unterstützt Sie dabei, sich selbst zu finden, sofern Sie das auch wollen! Und natürlich nur dann, wenn Sie überhaupt erst suchen. Ein Test allein ist noch keine Suche. Es ist ein Hilfsmittel, um Ihre persönlichen Wahrnehmungen zu unterstützen und Ihnen Hinweise zu geben auf Ihrem Weg zu mehr Bewusstsein.

Keine Angst vor Komplikationen: Die Auswertung des Tests von Seite 42–43 ist denkbar einfach. Sie gehen einfach jede Spalte von oben nach unten durch und zählen alle Zahlen, die Sie beim Test angekreuzt haben, zusammen. Es spielt dabei keine Rolle, ob Sie »J« oder »N« angekreuzt haben; wichtig ist nur die Zahl, die daneben steht.

So funktioniert es

Wenn Sie beispielsweise in der ersten Spalte alle entsprechenden Antworten angekreuzt haben, nämlich J3 (Frage 6), N1 (Frage 9), N2 (Frage 12), J1 (Frage 13), N1 (Frage 17) und J1 (Frage 27), und Sie dann alle Punkte zusammenzählen, kommen Sie auf neun Punkte. Wenn

HEKT – Der Enneagramm-Kurztest

1	Gefühle sind mir wichtiger als Verstand.
2	Ich bin eher aktiv als entspannt.
3	Es ist mir wichtig, im Recht zu sein.
4	Ich vermeide, zu viel über meine Probleme nachzudenken.
5	Ideen sind mir wichtiger als deren praktische Anwendung.
6	Ich bin jemand, der gerne anderen hilft.
7	Ich kann mich gut in neue Situationen hineinfinden.
8	Ich bin eher Märchenerzähler als Lehrer.
9	Ich bin eher Skeptiker als guter Zuhörer.
10	Erfolg ist mir sehr wichtig.
11	Wenn ich Druck ausgesetzt bin, kann ich nicht wirklich abschalten.
12	Ich bin anders als andere.
13	Ich neige zu Sentimentalität und Schwärmerei.
14	Wenn es Probleme gibt, strenge ich mich stärker an.
15	Ich habe eine sehr gute Auffassungsgabe.
16	Ich bin eher vergangenheits- als zukunftsorientiert.
17	Kritik ist besser als Komplimente.
18	Ich bin vorsichtig und ergreife nicht so gern die Initiative.
19	Es ist mir wichtig, meine Pflicht zu tun.
20	Selbstbewusstsein ist nicht meine Stärke.
21	Ich fühle mich mitunter als Außenseiter.
22	Ich strebe vor allem nach Glück.
23	Ich bin ein sehr geduldiger Mensch.
24	Ich übe gerne Macht aus.
25	Es fällt mir meist schwer, meine Gefühle offen zu zeigen.
26	Ich strenge mich nicht gern körperlich an.
27	Ich möchte mich auf niemanden vollkommen verlassen.
28	Das Wichtigste ist mir Zufriedenheit.
Summe	
Enneagramm-Persönlichkeitstyp	

A	B	C	D	E	F	G	H	I
		J1	N2					
						J1	N1	
					N2			J3
				J1			N1	
			J1			N1		
J3		N2						
	J1	N1						
					J1			N1
N1			J1					
	J3						N2	
			J1	N1				
N2		J3						
J1	N1							
			N0				J1	
			J3				N0	
		J1			N1			
N1								J1
				J1		N1		
				J3		N2		
	N1						J1	
			J1				N1	
					J3			N2
			J1					N1
				N2		J3		
J1						N1		
			J1		N1			
	J1			N1				
	N2						J3	
Herz			**Kopf**			**Bauch**		
A	B	C	D	E	F	G	H	I

Wer bin ich?

Sie keine dieser Fragen in der ersten Spalte angekreuzt haben, kommen Sie auf null Punkte. Die Punktzahl liegt also in jeder der Spalten zwischen null und neun. Diese Zahl tragen Sie dann unten (bei »Summe«) ein.

Wenn Sie das für alle Spalten gemacht haben, stehen in der Zeile »Summe« neun Zahlen, die zeigen, wie stark bei Ihnen die Eigenschaften des jeweiligen Enneagramm-Typs sind. Sehen Sie nach, in welcher Spalte Sie die höchste Punktzahl erreicht haben. Darunter, in der letzten Zeile, finden Sie dann den Enneagramm-Persönlichkeitstyp (A–I), zu dem Sie möglicherweise gehören.

Es kann durchaus sein, dass Sie bei mehreren Typen die gleiche Punktzahl haben. Das bedeutet jedoch nicht, dass Sie ein »Mischtyp« wären. Jeder Mensch hat natürlich Eigenschaften aller Typen – aber jeder Mensch hat nur einen Wesenskern! Wenn Sie im Test nicht klar erkennen können, zu welchem Typ Sie gehören, müssen Sie weitere Überlegungen machen. Mit der Zeit werden Sie Ihren Enneagramm-Typ finden.

Manchmal ist es eine Hilfe, wenn Sie wissen, ob Sie eher der Bauch-, Herz- oder Kopftriade angehören. Unter jeweils drei Spalten finden Sie eine größere Spalte. Zählen Sie jeweils die drei zusammengehörigen Summen (Herz: A, B, C, Kopf: D, E, F, Bauch: G, H, I) zusammen und tragen Sie sie ein.

Wer bin ich?

Die höchste Zahl, die Sie im Test erreicht haben, zeigt, welcher Triade Sie angehören. Das macht das Herausfinden des eigenen Typs schon einfacher: Wenn Sie beispielsweise bei Typ G und Typ B die meisten Punkte haben, aber bei der Bauchtriade wesentlich mehr Punkte als bei der Kopftriade, wird mit großer Wahrscheinlichkeit eher Typ G Ihr richtiger Enneagramm-Typ sein.

Testauswertung

Im Test	Enneagramm-Typ		Seite im Buch
Typ I	Die Eins	Der Prinzipienorientierte	49
Typ A	Die Zwei	Der Liebesorientierte	55
Typ B	Die Drei	Der Erfolgsorientierte	61
Typ C	Die Vier	Der Selbstorientierte	67
Typ D	Die Fünf	Der Erkenntnisorientierte	73
Typ E	Die Sechs	Der Sicherheitsorientierte	79
Typ F	Die Sieben	Der Lustorientierte	85
Typ G	Die Acht	Der Machtorientierte	91
Typ H	Die Neun	Der Harmonieorientierte	97

Die neun Persönlichkeitsprofile

Der zentrale Kern des Enneagramms sind die neun Persönlichkeiten. Jeder Mensch kann sich in einer dieser Persönlichkeiten wiederentdecken – auch wenn jeder natürlich Anteile aller neun Typen in sich trägt. Entscheidend für die Selbsterkenntnis und auch für das Verstehen seiner Mitmenschen ist, dass einer, und nur einer, der Enneagramm-Typen den Wesenskern eines Menschen ausmacht. Machen Sie sich auf die Suche!

Der Prinzipienorientierte

Andere Bezeichnungen für den Typ eins sind: Der Idealist (Oscar Ichazo), Der Perfektionist (Helen Palmer) oder Der Reformer (Don Richard Riso). Einser streben nach Perfektion; sie haben den Drang, möglichst alles »richtig« zu machen. Daher sind sie oft ziemlich kritisch – nicht nur anderen, sondern durchaus auch sich selbst gegenüber. Wenn etwas nicht so läuft, wie sie es sich vorstellen, können Vertreter dieses Typs schnell zornig werden.

Selbstdefinition und Vermeidung

Menschen dieses Typs definieren sich in der Regel über den Satz »Ich bin vernünftig«. Sie sehen sich als Vernunftmenschen – und das stimmt ja in gewisser Weise auch. Es fällt ihnen allerdings oft schwer zu sehen, dass zur wirklichen Vernunft auch das Erkennen der Grenzen der Vernunft gehört.

Weil sie sich über die Vernunft definieren, sind ihnen Situationen zuwider, in denen sie offensichtlich nicht vernünftig reagieren. Daher vermeiden sie Ärger und versuchen, sich unter Kontrolle zu halten. Diese Kontrolle müssen sie dann auch häufig einsetzen, denn es gibt vieles, über das sich der an Prinzipien orientierte Typ eins ärgern kann.

Bedürfnis und Anspruch

Als Vernunftmensch hat der Einser das Bedürfnis, Recht zu haben. Wenn er nicht Recht hätte, dann hätte er nicht vernünftig gedacht, gehandelt oder gefühlt!

Aber wer kann schon immer Recht haben? Nur der, der vollkommen ist. Deshalb ist der Anspruch, den Typ eins an sich selbst und an andere stellt, Vollkommenheit. Das wird natürlich schwierig – denn vollkommene Menschen sind mindestens ebenso selten wie solche, die immer Recht haben.

Angst und Abwehr

Die Grundangst des Typs eins besteht darin, von seinen Mitmenschen verurteilt zu werden. Und besteht nicht die Gefahr, von anderen verurteilt zu werden, wenn man im Unrecht ist, seine Unvollkommenheit zeigt oder emotional wird?

Einser versuchen dieser Angst Herr zu werden, indem sie sich in rigider Selbstkontrolle üben. Bloß keinen Ärger zeigen! Gerade diese Selbstkontrolle erweist sich als Problem dieser Menschen: Indem sie sich selbst kontrollieren, schränken sie sich vor allem selbst ein – und behindern sich damit selbst, sich ihrem Ziel, der Vollkommenheit (oder besser Vervollkommnung!), zu nähern.

Aufmerksamkeit und Blindheit

Menschen des Typs eins haben ein gutes Gefühl für das, was richtig und was falsch ist. Dieser klare Blick verschafft ihnen viel Befriedigung, doch er ist auch eine Quelle des Ärgers, den sie auf jeden Fall vermeiden wollen: Ist es nicht ärgerlich zu sehen, was andere (oder gar man selbst!) alles falsch macht?

Dass sie dazu neigen, alles in Begriffen von richtig und falsch zu beurteilen, macht sie blind für alles, was zwischen diesen Polen liegt. Halt! würde hier der Einser sofort rufen: Es ist doch so, dass etwas entweder richtig ist oder nicht, und dann ist es eben falsch! Dem Typ eins fällt es schwer, überhaupt zu erkennen, dass es doch etwas dazwischen gibt. Emotionale Zwischentöne erkennen diese Menschen daher nicht so leicht.

Kernproblematik und Ressource

Der Kern der Probleme des Einsers liegt in seiner Empfindlichkeit. Er neigt dazu, schnell beleidigt zu sein, wenn etwas nicht so läuft, wie er es für richtig erkannt habt. Dann entwickelt er die unangenehme Tendenz, zornig zu werden, sich zum Pedant und Rechthaber zu entwickeln und sich zurückzuziehen.

Die Grundfähigkeit, mit der sich Typ eins, selbst wenn er unter Stress steht, am eigenen Schopf aus dem Sumpf ziehen kann, ist seine ausgeprägte Fähigkeit zu rationalem Denken. Wenn er erst einmal rational erkennt, dass er sich auf dem falschen Weg befindet, kann er durch die Einsicht wieder zu einer positiveren Entwicklung finden.

Falle und Befreiung

Menschen des Typs eins ist vor allem anderen daran gelegen, sich zu entwickeln. Dabei schlagen Sie jedoch oft den falschen Weg ein und versuchen, ihren Weg ausschließlich in der Erfüllung ihrer (vermeintlichen) Pflichten zu finden – was ihre Tendenzen zu übertriebenem Perfektionismus und Rechthaberei eher verstärkt.

Wirkliche Befreiung finden sie, wenn sie sich darum bemühen, Gelassenheit zu entwickeln. Dies ist der befreiende Gegenpol zu ihrem Drang, alles perfekt machen zu müssen. Eine Perfektion in der Gelassenheit ist nur von Vorteil. Gelassenheit ist auch der Gegenpol zu ihrer Kernproblematik, der Empfindlichkeit.

Evolution und Devolution

Wenn sich Einser sicher fühlen und ihnen die Möglichkeit zum Wachstum gegeben wird, gehen sie zur Sieben – sie lernen, dass es auch wichtig ist, das Leben genießen zu können. Auf diesem Weg finden sie zu der Gelassenheit, die ihnen neue Horizonte eröffnet.

Wenn sie hingegen Stress ausgesetzt sind, weil sie spüren, dass ihr Perfektionismus sie in eine Sackgasse geführt hat, tendieren sie zu den negativen Eigenschaften der Vierer, die oftmals das Gute im Vorhandenen nicht erkennen können. Ihre große Empfindlichkeit veranlasst Vertreter dieses Typs dann dazu, sich in selbstquälerische Zweifel zu stürzen und eine fruchtlose Nabelschau zu betreiben. Oft sind Depressionen die Folge.

Berühmte Vertreter des Typs eins:

Martin Luther, G.B. Shaw, Ignatius von Loyola, Sokrates

Die neun Persönlichkeitsprofile

Der Einser entwickelt sich positiv zur Sieben und negativ zur Vier.

Entwicklungstipps für Typ 1

▶ Lernen Sie, sich zu entspannen! Yoga oder Tai-Chi würden Ihnen sehr guttun.

▶ Schrauben Sie Ihre Erwartungen an andere herunter! Lassen Sie andere sein, wie sie sind.

▶ Versuchen Sie, mehr Zugang zu Ihren Gefühlen zu finden! Ihre Vernunft ist Ihr großes Kapital; doch Vernunft ohne Gefühle ist unvernünftig.

▶ Konzentrieren Sie sich mehr auf die Vorzüge anderer als auf ihre Fehler!

▶ Vermeiden Sie den »erhobenen Zeigefinger«! Lassen Sie sich von Ihrer Vernunft leiten, nicht von Ihrem Bedürfnis, Recht zu haben.

Der Liebesorientierte

Andere Bezeichnungen für den Typ zwei sind: Die hilfreiche Mutter (Oscar Ichazo), Der Geber (Helen Palmer) oder Der Helfer (Don Richard Riso). Diesen Menschen geht Hilfsbereitschaft über alles. Dabei geben sie sich mitunter selbst auf – und sind stolz darauf. Dass ihre Hilfsbereitschaft durchaus auch verborgene Motive hat, erkennen sie nicht so leicht.

Selbstdefinition und Vermeidung

Wenn sich Vertreter der Zwei kurz selbst charakterisieren sollen, sagen sie in der Regel etwa: »Ich bin liebevoll und hilfsbereit.« Und tatsächlich steckt dies auch in ihnen. Allerdings übersehen sie gerne, dass sie ihre Hilfsbereitschaft auch als Mittel einsetzen, um etwas zu bekommen: Aufmerksamkeit, Liebe, Einfluss und ein besseres Selbstwertgefühl.

Da sie selbst helfen wollen, ist Hilflosigkeit etwas, das sie so weit wie nur irgendmöglich vermeiden wollen. Sie wollen nicht, dass man ihnen hilft, sondern dass man sie möglichst wegen ihrer aufopferungsvollen Hingabe liebt und bewundert.

Bedürfnis und Anspruch

Geliebt und bewundert zu werden ist ein Grundbedürfnis des unbefreiten Zweiers. Und es fällt ihm schwer, sich vorzustellen, dass andere ihn lieben könnten, wenn er nicht hilft und sich aufopfert.

Daher ist Helfen der Anspruch, den diese Menschen vor allem an sich selbst, aber auch an andere stellen. Natürlich will der Zweier selbst keine Hilfe von anderen – aber diese sollen ihren Mitmenschen helfen.

Angst und Abwehr

Wenn Typ zwei vor etwas wirklich in seinem Innersten Angst hat, dann ist es, ungeliebt zu sein. Alles, was er für andere tut, beruht ja auf dem Bedürfnis, geliebt zu werden. Wenn das nicht gelingt, ist das für ihn eine Katastrophe.

Zu dieser Katastrophe kommt es allerdings in der Regel nicht. Zweier sind Meister der Verdrängung. Es kann ja gar nicht sein, dass sie nicht geliebt werden, denn sie tun ja alles für andere – man muss sie ja lieben. Sie merken oft nicht, dass sie anderen mitunter auch Hilfe unerwünscht aufdrängen, sich einmischen und – manchmal damit auch nerven.

Aufmerksamkeit und Blindheit

Vertreter der Zwei haben einen sehr klaren Blick für Anerkennung, die ihnen gezollt wird. Sie registrieren sehr genau, wenn jemand ihnen den schuldigen Dank erstattet. Auf der anderen Seite spüren Sie auch, wenn jemand nicht dankbar genug ist – dann ärgern sie sich und bringen ihre Wut durch spitze Bemerkungen zum Ausdruck. Sie empfangen außerordentlich gern Orden, Ehrungen und andere Anerkennungen.

So gern sie auch gewürdigt werden – ihr blinder Fleck ist die Würde anderer. Sie helfen bis zur Selbstaufgabe, aber ohne dabei zu berücksichtigen, ob ihre Hilfe auch wirklich von anderen benötigt oder erwünscht ist. Es fehlt ihnen oft der Sinn für die Auswirkung ihrer hilfreichen Manipulationen. Sie wollen sich gern unabkömmlich machen und übersehen dabei, dass es andere möglicherweise ihrer Würde und ihres Selbstwertgefühls beraubt, in Abhängigkeit gehalten zu werden.

Kernproblematik und Ressource

Zweier haben ein Problem, das sie davon abhält, ihre liebenswerten Fähigkeiten zur Blüte zu bringen: ihr Stolz. Sie sind stolz darauf, dass sie helfen, dass sie ihre Bedürfnisse zurückstellen und dass sie so gute Menschen sind. Das bringt logischerweise nicht selten eine gewisse Selbstgefälligkeit mit sich.

Doch auch wenn sie sich auf dem falschen Weg befinden, bewahrt sie ihr natürliches Einfühlungsvermögen meist davor, zu extrem zu werden. Diese Menschen können sich gut in andere einfühlen – wenn sie es dann auch noch schaffen, andere nicht zu bevormunden, sondern ihre wahren Bedürfnisse zu erkennen, gelingt ihnen die Umkehr auf einen Weg, auf dem sie ihr Potenzial zu ihrem eigenen Nutzen und dem der anderen erfüllen können.

Falle und Befreiung

»Der Weg zur Hölle ist mit guten Absichten gepflastert.« Für Typ zwei ist diese Weisheit besonders wichtig. Gute Absichten sind bei ihm stets vorauszusetzen. Mit den guten Absichten ist es aber nicht getan: Es bedarf einiger Aufmerksamkeit, um zu erkennen, ob die guten Absichten auch gute Ergebnisse zeitigen.

Weitaus besser als die ohnehin vorhandenen guten Absichten ist für ihn die Entwicklung echter Demut. Das heißt auch, sich selbst und seine versteckten Motive nicht zu verleugnen, sondern anzunehmen. Es heißt, helfen zu dürfen als Geschenk anzusehen, nicht als Opfergabe. Wenn Typ zwei Demut und Heiterkeit entwickelt, befreit ihn das von der Last, die er sich selbst auferlegt hat – und gleichzeitig werden seine Hilfe und sein Mitgefühl authentischer.

Evolution und Devolution

Zweier, die sich sicher und geborgen fühlen, entwickeln sich weiter in Richtung auf die positiven Eigenschaften der Vier: Sie sind auf dem Weg zur Selbsterkenntnis, erkennen ihre verborgenen Motive, Aggressionen, aber auch ihre Fähigkeiten, die Welt ein Stück liebevoller zu machen.

Der Zweier entwickelt sich positiv zur Vier und negativ zur Acht.

Wenn sie sich in die Enge getrieben fühlen, weichen sie in Richtung Acht aus. Sie fühlen sich ungerecht behandelt und reagieren verdeckt aggressiv – insbesondere auch den Menschen gegenüber, die sie zu lieben behaupten.

Berühmte Vertreter des Typs zwei:

Elvis Presley, Madonna, Florence Nightingale, Jesus Christus

Entwicklungstipps für Typ 2

▶ Überlegen Sie genau, was andere wirklich brauchen! Fördern Sie andere, indem Sie ihre Stärken und Hilfe zur Selbsthilfe unterstützen.

▶ »Güte, die sich selbst Güte nennt, ist keine wahre Güte.« (Laotse) – Suchen Sie keine Aufmerksamkeit und Gegenleistungen für Ihre Wohltaten.

▶ Machen Sie sich Ihre wahren Motive klar. Ist Helfen für Sie ein Opfer oder ein Geschenk?

▶ Betrachten Sie andere Menschen nicht als Ihr Eigentum und lernen Sie loszulassen.

▶ Ihre wunderbare Gabe, selbstlos lieben zu können, ist Ihr großer Vorzug. Aber denken Sie auch daran, dass Sie Ihre Nächsten lieben sollten wie sich selbst.

Der Erfolgsorientierte

Andere Bezeichnungen für den Typ drei sind: Der Statusmensch (Oscar Ichazo), Der Dynamiker (Helen Palmer) oder Der Macher (Don Richard Riso). Menschen dieses Typs wollen etwas im Leben erreichen, sie wollen gewinnen und die Besten sein. Dabei geht es ihnen jedoch oft mehr um Schein statt sein: Das Wichtigste ist, einen guten Eindruck zu machen.

Selbstdefinition und Vermeidung

Die typische Selbstdefinition des Dreiers lautet: »Ich bin erfolgreich und werde bewundert.« Er definiert sich also über den Erfolg und sieht sich als Leistungsträger. Und die werden natürlich bewundert – denn für was sonst könnte man einen Menschen bewundern als für seine Leistungen? Das denken zumindest Vertreter der Drei.

Folgerichtig vermeiden sie jede Form von Versagen wie die Pest. Wenn sie doch einmal versagen sollten, werden sie versuchen, das so gut wie möglich zu vertuschen. Denn was wirklich zählt, ist nicht die Leistung an sich, sondern wie es aussieht und wie es wirkt.

Bedürfnis und Anspruch

Diese Menschen wollen vor allem eines: anerkannt werden. Nun, wer will das nicht? Aber für sie ist das Gefühl, anerkannt und bewundert zu werden, geradezu ein Grundbedürfnis. Und um dieses Bedürfnis zu erfüllen, greifen Vertreter der Drei zu allen Mitteln – wenn es sein muss auch Angeberei, Täuschung und Lüge.

Der Anspruch, den sie an sich und andere stellen, ist jedoch vorerst einmal Tüchtigkeit. Dreier haben viel Energie und sind durchaus bereit, etwas zu leisten. Und Leistung erwarten sie auch von anderen.

Angst und Abwehr

Wie gesagt: Die Drei scheut das Versagen. Dem liegt eine tief verwurzelte Angst zugrunde, nämlich die Angst vor Ablehnung. Typ drei fürchtet, dass er, wenn er nicht beweist, dass er besser als andere ist, nicht anerkannt wird und als minderwertig gilt. Sein bevorzugter Abwehrmechanismus, um die Angst vor Ablehnung zu vermeiden, ist die Identifikation. Das bedeutet, dass er sich ganz und gar Meinungen anderer zu eigen macht, um so besser das zu erkennen, was bei anderen ankommt. Natürlich ist auch dieser Abwehrmechanismus mit Problemen behaftet. Zum einen ist die Identifikation immer nur eine scheinbare – aber wichtiger noch: Durch die Identifikation mit anderen verliert der Dreier an eigener Identität.

Aufmerksamkeit und Blindheit

Typ drei erkennt sehr gut, ob wirkliche Leistungen erbracht werden oder nicht. Danach beurteilt er schließlich auch sich selbst und andere.

Seinem scharfen Blick, was Leistungen angeht, steht jedoch eine gewisse Blindheit gegenüber, was Eigenschaften betrifft. Eigenschaften der Menschen fallen diesem Typ nicht weiter auf – was er natürlich nie zugeben würde. Er ist ja der Ansicht, dass sich alle möglichen und bedeutsamen Eigenschaften eines Menschen in seiner Leistung zeigen.

Kernproblematik und Ressource

Das Kernproblem des Typs drei, mit dem er nicht nur seine Entwicklung, sondern oft sogar sein offenes Anliegen, den Erfolg, hintertreibt, ist seine Neigung zur Täuschung. Einmal täuscht er sich selbst gern, auf der anderen Seite tendiert er auch dazu, andere zu täuschen, zu belügen, übers Ohr zu hauen oder auch vor ihnen anzugeben. Letztlich jedoch betrügt er sich damit nur selbst.

Dreier haben die Fähigkeit, sich auf andere einzustimmen. Diese Orientierung an anderen Menschen ist die Ressource, mit der sie sich – auch wenn sie bereits tief im Sumpf stecken – wieder aus eigener Kraft herausziehen können, um einen fruchtbareren Weg zur Entfaltung einzuschlagen.

Falle und Befreiung

Vertreter dieses Typs glauben gern, dass sie vorankommen und sich weiterentwickeln können, indem sie mit anderen konkurrieren. Doch gerade das Konkurrenzdenken führt sie immer weiter in die Irre, da es sie leicht verleitet, ihre negativen Tendenzen auszuleben.

Der Weg zur Befreiung führt für sie über Aufrichtigkeit. Das ist zunächst nicht leicht für sie zu erkennen, da sie dann weniger Erfolg vorweisen können. Das heißt nun nicht, dass sie weniger Erfolg hätten! Nur werden sie nicht mehr mit Scheinerfolgen glänzen. Wenn sie sich jedoch in diese Richtung entwickeln, werden sie schnell das erleichternde Gefühl haben, eine große Last losgeworden zu sein.

Evolution und Devolution

In einer sicheren sozialen Umgebung können sich Dreier zur Sechs hin bewegen und dabei aufrichtiger und sozial engagierter werden, was wiederum ihr Selbstvertrauen aufbaut – auch wenn sie das zunächst gar nicht erwarten.

Unter Druck neigen Vertreter der Drei dagegen zur Entwicklung in Richtung Neun. Das heißt, sie trennen sich allmählich immer mehr von ihren Gefühlen, stumpfen ab und reagieren mit emotionsloser Feindseligkeit.

Berühmte Vertreter des Typs drei:

Ronald Reagan, Walt Disney, J. F. Kennedy, Konfuzius

Der Dreier entwickelt sich positiv zur Sechs und negativ zur Neun.

Die neun Persönlichkeitsprofile

Entwicklungstipps für Typ 3

▶ Üben Sie sich in Nachsicht und Kooperation! Andere herunterzumachen bringt Sie nicht weiter.

▶ Behalten Sie Geheimnisse, die Ihnen anvertraut wurden, für sich, und geben Sie nicht der Versuchung nach, doppeltes Spiel zu treiben.

▶ Tun Sie, was Sie lieben und was Ihren wahren Werten entspricht! Sie neigen dazu, nur das zu tun, von dem Sie glauben, dass es ankommt. Damit werden Sie oft falschliegen!

▶ Sie müssen sich nicht mit anderen vergleichen, um festzustellen, dass Sie ein wertvoller Mensch sind!

▶ Durch Täuschung erreichen Sie langfristig weitaus weniger als durch Aufrichtigkeit! Ihre Energie und Ihr Humor werden Sie weit bringen, wenn Sie nicht in die Fallen des Konkurrenzdenkens und der Unaufrichtigkeit tappen.

▶ Setzen Sie Ihre Energie für andere Menschen ein. Das widerstrebt Ihnen vielleicht zunächst, doch Sie werden feststellen, dass Sie sich selbst damit den größten Gefallen tun!

▶ In der Aufrichtigkeit sich selbst und anderen gegenüber liegt eine große Kraft. Nutzen Sie diese Energie!

Der Selbstorientierte

Andere Bezeichnungen für den Typ vier sind: Der Unverstandene Künstler (Oscar Ichazo), Der Tragische Romantiker (Helen Palmer) oder Der Ästhetische Individualist (Don Richard Riso). Vertreter der Vier sind Individualisten, denen es um Selbsterkenntnis und emotionale Tiefe geht. Obwohl sie einen ausgesprochenen Sinn für das Schöne haben, neigen sie zu Depressionen und Selbstzweifeln. Wenn sie sehen, was andere sind oder können, sind sie schnell neidisch.

Selbstdefinition und Vermeidung

Typ vier beschreibt sich, zumindest innerlich, oft durch den Satz: »Ich bin etwas Besonderes.« Er hat den Wunsch, sich gegenüber anderen abzugrenzen. Dabei zeigt er seine Individualität durch einen ausgeprägten Hang zum Schönen, Romantischen und Künstlerischen – er schwelgt gerne in seinen Gefühlen; allerdings oft gerade negativen Gefühlen, die ihm oft depressive Phasen bescheren.

Verständlicherweise vermeiden Vierer daher vor allem Durchschnittlichkeit. Sie sehnen sich zwar paradoxerweise auch nach Normalität, vermeiden es jedoch, »normal« zu sein oder auch nur zu wirken.

Bedürfnis und Anspruch

Dem Handeln dieser Menschen liegt vor allem ein Bedürfnis zugrunde: Sie wollen sich selbst verstehen. Während das natürlich die beste Voraussetzung ist, um sich auf den Weg zur Selbstfindung zu begeben, übertreiben Vertreter dieses Typs jedoch: Sie neigen dazu, sich in exzessiver Nabelschau zu üben und verlieren dabei die Realität aus den Augen.

Der Anspruch, den sie an sich stellen, ist Originalität. Sie haben das Gefühl, keine Individualität zu besitzen, wenn sie nicht originell sind und sich damit von anderen abgrenzen. Dieser Anspruch führt oft zu einer Getriebenheit, die in Depressionen mündet.

Angst und Abwehr

Die Grundangst von Typ vier ist die Angst, unzulänglich und mangelhaft zu sein. Er will sich selbst verstehen, will herausfinden, wo seine möglichen Mängel liegen, um diese abzustellen. Angst ist aber immer ein schlechter Ratgeber. Wer nicht vollkommen ist, wird natürlich immer auf irgendwelche Mängel stoßen und damit die Angst, unzulänglich zu sein, noch weiter unterstützen.

Typ vier versucht, dieser Angst und allen negativen Selbstwahrnehmungen durch den Abwehrmechanismus der Sublimation Herr zu werden; er fasst seine Ängste und anderen negativen Gefühle in eine künstlerische, ästhetische Form, um mit ihnen umgehen zu können. Wie jeder Abwehrmechanismus führt auch die Sublimation zu keiner Lösung der eigentlichen Probleme, sondern verhindert eine adäquate Bearbeitung.

Aufmerksamkeit und Blindheit

Diese Menschen erkennen sehr schnell das Gute im Fehlenden. Sie sehen sofort, welche guten Dinge, Charakterzüge, Fähigkeiten und Verhaltensweisen es gibt – und bedauern, dass ihnen selbst all dies fehlt.

Da ihr Blick auf das Nichtvorhandene gerichtet ist, sind sie oft geradezu mit Blindheit geschlagen, wenn es gilt, das Gute im Vorhandenen zu erkennen: Ihre eigenen Fähigkeiten, Eigenschaften und ihr Potenzial, das ja viel Positives zu bieten hat.

Kernproblematik und Ressource

Das größte Problem in der Entwicklung von Vierern hängt mit den gerade besprochenen Dimensionen Aufmerksamkeit/Blindheit zusammen: Neid. Da Typ vier das Gute, das er bei anderen sieht, besonders intensiv wahrnimmt und bei sich vermisst, kommt bei ihm schnell Neid auf – eines der negativsten und zerstörerischsten Gefühle.

Doch dieser Typ hat ein großes Plus: seinen ausgeprägten Hang zur Selbsterforschung. Diese Fähigkeit hilft ihm, wenn er sich auf Irrwegen befindet. Da er ständig – und oft zu viel – sein Inneres erforscht, erkennt er in der Regel Fehlentwicklungen und kann ihnen dann auch meist rechtzeitig entgegensteuern.

Falle und Befreiung

Durch ihren Hang, sich in ihren Phantasien zu bewegen, gehen Vierer oft in eine Falle: Indem sie sich in Phantasien flüchten, erleben sie vielleicht kurzfristige Linderung ihrer Leiden am Leben – um dann jedoch nur noch mehr an der Realität zu leiden.

Wirkliche Befreiung erreichen sie dann, wenn sie sich gezielt darum bemühen, mehr Ausgeglichenheit zu erlangen. Das fällt ihnen zunächst oft schwer, da Ausgeglichenheit in gewisser Weise der Weg der Mitte ist, den sie gerade scheuen. Wenn sie jedoch erst einmal spüren, dass mehr Ausgeglichenheit auch mehr Gelegenheit bedeutet, Kreativität und Individualität zu verwirklichen, werden sie diesen Weg mit Freude weitergehen.

Evolution und Devolution

Menschen dieses Typs bewegen sich, wenn sie sich geborgen und sicher fühlen, auf die Eins zu: Sie entwickeln die Disziplin und Selbstbeherrschung, die sie benötigen, um ihr großes kreatives Potenzial verwirklichen zu können.

Unter Stress gehen sie in Richtung Zwei. Sie klammern sich nun an andere. Da sie auf der Devolutionslinie ei-

Der Vierer entwickelt sich positiv zur Eins und negativ zur Zwei.

nen gewissen Selbsthass entwickeln, zerstören sie auch die Beziehungen, die sie benötigen, indem sie manipulieren, fordern und zu absoluten Egozentrikern werden.

Berühmte Vertreter des Typs vier:

Bette Davis, Orson Welles, Marlon Brando, J. W. Goethe, Dalai Lama

Entwicklungstipps für Typ 4

▶ Gefühle sind wichtig – doch auch Ihre Gefühle sind nur ein Teil von Ihnen! Verlieren Sie sich nicht in Ihren Gefühlen, sondern gewinnen Sie ein wenig Abstand.

▶ Versuchen Sie, zumindest einen Ihrer Träume in die Realität umzusetzen!

▶ Vertiefen Sie sich nicht so sehr in die Vergangenheit! Leben Sie jetzt!

▶ Tun Sie etwas für andere Menschen! Sie werden staunen, wie viel Befriedigung Ihnen das verschafft.

▶ Sagen Sie »Stopp!«, wenn Sie sich bei ausufernden Selbstgesprächen ertappen!

▶ Sie sind etwas Besonderes. Anstatt das aber immer weiter zu vertiefen, sollten Sie sich mehr darum bemühen, das Besondere in anderen Menschen zu entdecken.

Der Erkenntnisorientierte

Andere Bezeichnungen für Typ fünf sind: Der Zurückgezogene Denker (Oscar Ichazo), Der Beobachter (Helen Palmer) oder Der Denker (Don Richard Riso). Menschen dieses Typs streben nach Wissen; sie sind ausgezeichnete Beobachter und Analytiker – und sie haben oft die Fähigkeit, das Wissen nicht nur zu sammeln, sondern auch in neuartiger Weise zu verbinden. Ihre Privatsphäre ist ihnen sehr wichtig und sie neigen dazu, sich zu isolieren.

Selbstdefinition und Vermeidung

Typ fünf hält sehr viel auf seinen Intellekt. »Ich bin klug« ist seine typische Selbstdefinition. Das ist keine Überheblichkeit, sondern durchaus zutreffend. Aber was er oft vergisst, ist, dass es nicht so sehr auf die Klugheit ankommt, sondern was man daraus macht.

Fünfer leben in einer Geisteswelt, die von Gedanken, Abstraktionen und Theorien bevölkert ist. Das Gefühl von Leere ist ein Hinweis darauf, dass die Gedankenwelt allein nicht ausreicht, um das Leben zu erfüllen – daher vermeiden diese Menschen, überhaupt Leere aufkommen zu lassen.

Bedürfnis und Anspruch

Mit Hilfe ihrer Klugheit versuchen Vertreter der Fünf vor allem eines: Sie wollen die Welt verstehen, um sie voraussagbarer, sicherer und kontrollierbarer zu machen. Sie gehen dabei oft in die Irre, denn bloßes Analysieren kann der Komplexität der Welt niemals gerecht werden.

Fünfer wollen Wissen ansammeln – so viel wie möglich. Denn das Wissen ist die Grundlage ihrer Analysen. Was sie nicht so leicht erkennen, ist die Tatsache, dass schon die Auswahl des Wissens Ursachen hat – die allerdings nicht in der Welt, sondern in ihnen selbst liegen.

Angst und Abwehr

Typ fünf hat eine grundlegende Angst vor der Unbegreiflichkeit. Wenn er die Welt um sich herum nicht intellektuell begreifen kann, fühlt er sich hilf- und schutzlos. Daher entwickelt er nicht nur phantastische Theorien, sondern ist nicht selten auch Urheber des absurdesten Aberglaubens. Der Abwehrmechanismus, den er bevorzugt einsetzt, ist Isolation; d.h. er zieht sich von der Welt zurück. Je kleiner und begrenzter seine Welt wird, desto leichter kann er diese Welt intellektuell erfassen und analysieren. Wirklich befriedigen kann ihn die Isolation natürlich nicht: Er will ja die ganze Welt verstehen.

Aufmerksamkeit und Blindheit

Fünfer sehen sehr deutlich, welche Anforderungen an sie gestellt werden. Anforderungen sind Probleme, die es zu lösen gilt. Und das ist ja eine Spezialität von ihnen.

Dagegen sind sie sowohl gegenüber Bedürfnissen anderer Menschen als auch den eigenen Bedürfnissen ziemlich blind. Bedürfnisse sind nicht so klar definiert. Sie sind nicht etwas, das man durch Analysieren erkennen kann, sondern durch Einfühlen. Und das fällt diesen Menschen eher schwer.

Kernproblematik und Ressource

Das Kernproblem der Fünf ist Habsucht. Das leuchtet ihren Vertretern selbst zunächst gar nicht ein. Sie können ja relativ anspruchslos sein. Aber dennoch wollen sie haben: vor allem Wissen, aber auch Kontrolle über die Welt. Es fällt ihnen daher schwer, anderen etwas zu geben, sich mitzuteilen und so selbst mehr teilzuhaben.

Wenn sich diese Menschen tief in ihre eigenen Gedanken, die mitunter geradezu paranoid sein können, verstrickt haben, haben sie immer noch einen Rettungsanker, nämlich ihre ausgezeichnete Beobachtungsgabe. Wenn sie diese gezielt einsetzen, können sie aus ihren Beobachtungen schließen, dass sie auf dem falschen Weg sind und sich wieder in eine sinnvollere Richtung bewegen.

Falle und Befreiung

Fünfer geraten auf Abwege, weil sie glauben, alles analysieren zu müssen. Dabei verirren sie sich nur allzu oft in ihren selbst erbauten abstrusen Gedankengebäuden, die sie jedoch mit aller Kraft gegen »die dumme Masse« verteidigen.

Wahre Befreiung finden sie gerade nicht im Wissen, sondern in der Suche nach Weisheit – dadurch erlösen sie sich von ihren Zwängen, ihrer Isolation und ihrem Gefühl des Getrenntseins von ihren Mitmenschen. Und wenn ihnen dies gelungen ist, haben sie dank ihrer ausgezeichneten Begabungen die Möglichkeit zu großem inneren Wachstum.

Evolution und Devolution

In Sicherheit entwickeln sich diese Menschen zur Acht hin. Sie können dann die Balance zwischen Gedanken und praktischer Umsetzung halten; sie wissen, was sie können, und nutzen dies, um andere ohne Überheblichkeit anzuleiten. Theorien stehen nicht mehr im luftleeren Raum, sondern wollen angewandt werden.

Wenn sie dagegen unter Druck stehen, dem sie nicht mehr standhalten können, bewegen sie sich zur Sieben: Sie werden unberechenbar, impulsiv und kopflos. Sie versuchen nun rücksichtslos, ihre Hirngespinste zu untermauern und verstricken sich dabei immer tiefer.

Berühmte Vertreter des Typs fünf:

Greta Garbo, Marie Curie, Albert Einstein, Artur Schopenhauer, Buddha

Der Fünfer entwickelt sich positiv zur Acht und negativ zur Sieben.

Die neun Persönlichkeitsprofile

Entwicklungstipps für Typ 5

▶ Beobachten Sie mehr, und analysieren Sie weniger!

▶ Bewegen Sie Ihren Körper, z.B. im Sport. Schon Juvenal meinte: »Sit mens sana in corpore sano«: Ein gesunder Geist wohnt in einem gesunden Körper.

▶ Ziehen Sie keine voreiligen Schlüsse – erst recht nicht, wenn Sie nur über wenige Informationen verfügen. Ihre Analyse kann zwar richtig sein, aber Sie können auch irren.

▶ Pflegen Sie Ihre Freundschaften, und ziehen Sie sich bei Frustration und Konflikten nicht gleich zurück.

▶ Blicken Sie nicht auf weniger intelligente Menschen herab!

▶ Nutzen Sie Ihre geistigen Fähigkeiten, um andere zu fördern und zu unterstützen, nicht um sie herunterzumachen.

▶ Versuchen Sie, mit dem Herzen zu erkennen, dass nicht alles begreiflich ist – und dass das Unbegreifliche nicht greifbarer wird, indem Sie es in Begriffe ketten und in geistige Schubladen stecken!

▶ Machen Sie sich klar, dass Logik und Rationalität nur eine von vielen Möglichkeiten sind, Erkenntnisse zu gewinnen!

Der Sicherheitsorientierte

Andere Bezeichnungen für Typ sechs sind: Der Ängstliche (Oscar Ichazo), Der Advocatus Diaboli (Helen Palmer) oder Der Loyale (Don Richard Riso). Diese Menschen sind in der Regel ausgezeichnete Teamarbeiter und kommen gut mit anderen zurecht. Sie sind loyal und engagiert, aber ihr Tun ist oft sehr von Ängsten geleitet. Daher sind sie etwas anfällig dafür, übermäßig autoritätshörig zu sein.

Selbstdefinition und Vermeidung

Der Satz, durch den sich Vertreter dieses Typs typischerweise selbst definieren, lautet: »Ich bin zuverlässig und liebenswert.« Zwischen diesen beiden Eigenschaften sehen sie auch einen engen Zusammenhang. Wenn sie zuverlässig und loyal sind – dann, und nur dann sind sie liebenswert, glauben sie. Und daraus folgt natürlich, dass sie, wenn sie einmal nicht ihren Pflichten nachkommen, auch nicht liebenswert sein können.

Aus diesem Grund vermeiden sie auch jedes Abweichen von der Norm. Die traditionellen und anerkannten Verhaltensregeln, die gesellschaftlichen Normen, stellen sicher, dass jeder weiß, was seine Pflicht ist – wenn er dann danach handelt, müssen ihn die anderen ja als liebenswerten Menschen betrachten.

Bedürfnis und Anspruch

Im Grunde sehnen sich Sechser vor allem nach Geborgenheit. Das Gefühl der Geborgenheit kann sich jedoch nur einstellen, wenn die Menschen, mit denen man zu tun hat, einem wohl gesonnen sind – wenn sie einen als liebenswert ansehen.

Aus dem Geborgenheitsbedürfnis entsteht der Wunsch nach Sicherheit. Das ist natürlich auch die materielle Sicherheit, die diesen Menschen meist nicht unwichtig ist, vor allem aber der Anspruch auf emotionale Sicherheit.

Angst und Abwehr

Aus dem Gesagten kann man schon ableiten, vor was sich Typ sechs am meisten fürchtet. Seine Grundangst ist die Angst vor Verrat – die Angst, dass jemand, auf den er sich verlässt, sich plötzlich abwendet und damit das wichtige Bedürfnis nach Geborgenheit zutiefst verletzt.

Sein Hauptabwehrmechanismus ist die Projektion. Er projiziert seine eigenen Ängste und Befürchtungen auf die anderen – und ist daher immer von Misstrauen erfüllt. Oft kommt es dadurch zu selbsterfüllenden Prophezeiungen. Durch sein misstrauisches und vorsichtiges Verhalten wird mitunter gerade das ausgelöst, was er am meisten fürchtet: verlassen und abgelehnt zu werden.

Aufmerksamkeit und Blindheit

Verteter der Sechs erkennen mit klarem Blick die Absichten anderer Menschen. Sie sind dann auch schnell dabei, diese Absichten mit vorauseilendem Gehorsam zu unterstützen. Natürlich ist das oft eine große Hilfe – doch wenn sie den falschen Autoritäten folgen, kann es, wie die Geschichte zeigt, auch sehr unangenehme Konsequenzen haben.

Das hängt auch damit zusammen, dass sie zwar die Absichten anderer gut erkennen, aber keinen guten Blick für die dahinterstehenden Motive haben. Sie wollen zuverlässig sein – aber sie fragen zu selten danach, was ihre Verlässlichkeit schließlich bewirkt.

Kernproblematik und Ressource

Das Hauptproblem des Typs sechs ist sein Mangel an Mut. Durch seine Ängstlichkeit beraubt er sich vieler

Chancen. Er wagt es nicht, aus den Normen auszubrechen, wenn es nötig ist. (Sechser können paradoxerweise aber auch durchaus fanatische Revoluzzer sein – wenn sie einer Gruppe angehören, wo diese Haltung zur Norm gehört!)

Dieser Typ hat aber auch eine große Stärke, die es ihm ermöglicht, sich aus Fehlentwicklungen doch noch zu befreien, nämlich seine außerordentliche Beziehungsfähigkeit. In einer vertrauensvollen Beziehung zu einem anderen Menschen kann er wirklich wachsen.

Falle und Befreiung

Diese Menschen glauben nicht selten, dass sie ihre Ziele am besten verwirklichen, wenn sie sich in Abhängigkeit begeben. Das funktioniert jedoch nicht. Denn auch dann, wenn ihre Abhängigkeit nicht ausgenutzt wird, beraubt sie sie doch ihrer Persönlichkeit.

Wirklich befreiend ist für sie die Kraft des Vertrauens. Obwohl sie loyal sind, vertrauen sie nur schwer – und das ist das große Hindernis auf ihrem Weg.

Evolution und Devolution

Wenn sie nicht unter Druck stehen, können sich Sechser zur Neun bewegen. Sie gewinnen an emotionaler Reife und an Vertrauen und verlieren dadurch auch ihre Ängstlichkeit, die sie in ihrer Entwicklung behindert.

Müssen sie jedoch kämpfen, und sind sie Stress ausgesetzt, gehen sie eher zur Drei – ihre Ängste nehmen überhand, und sie fühlen sich verfolgt. Dann erniedrigen sie sich in geradezu masochistischer Weise, und versuchen so, andere Menschen zu manipulieren, um der Ängste Herr zu werden.

Der Sechser entwickelt sich positiv zur Neun und negativ zur Drei.

Die neun Persönlichkeitsprofile

Berühmte Vertreter des Typs sechs:

Jane Fonda, Helen Palmer, Woody Allen, Krishnamurti

Entwicklungstipps für Typ 6

▶ Schieben Sie Verantwortung nicht von sich weg, sondern übernehmen Sie sie!

▶ Sicher fühlen werden Sie sich erst dann, wenn Sie Selbstsicherheit entwickeln.

▶ Hüten Sie sich vor Autoritätshörigkeit! Lassen Sie zumindest Ihren Gedanken alle Freiheit der Welt.

▶ Versuchen Sie, mehr Klarheit in Ihr Kommunikationsverhalten zu bringen. Sie erzeugen Konflikte und Aggressionen, wenn Sie Ihre wahren Gedanken, Wünsche und Einstellungen hinter missverständlichen Signalen verbergen!

▶ Versuchen Sie, anderen Menschen und der Welt als Ganzes mehr Vertrauen entgegenzubringen, ohne sich deshalb unterzuordnen.

▶ Andere denken besser von Ihnen, als Sie glauben! Ihre Ängste spiegeln nicht Ihre Außen-, sondern Ihre Innenwelt wider!

▶ Akzeptieren Sie Ihre Ängste, aber lassen Sie sich nicht von ihnen tyrannisieren!

▶ Achten Sie auf die Motive Ihrer Mitmenschen, die hinter ihren Wünschen stehen!

Der Lustorientierte

Andere Bezeichnungen für den Typ sieben sind: Das Gierige Kind (Oscar Ichazo), Der Epikureer (Helen Palmer) oder Der Vielseitige (Don Richard Riso). Diese Menschen lieben das Leben und seine Genüsse. Sie haben viele Ideen und Pläne, aber oft nicht das Durchhaltevermögen, diese Ideen und Pläne auch umzusetzen. Sie wollen möglichst viele Erfahrungen machen und ihre Sinne kitzeln. Die Flut an Sinnesreizen macht allerdings süchtig: Sie kommen nicht gut mit sich allein zurecht. Bevor sie Langeweile aufkommen lassen, stürzen sie sich eher in gefährliche Experimente, z. B. mit Drogen.

Selbstdefinition und Vermeidung

Wie anders könnte sich ein typischer Vertreter der Sieben definieren, als durch den Satz: »Ich genieße das Leben.« Das Auskosten aller Genüsse, die das Leben zu bieten hat, gehört zu seinem Lebensgefühl. Das wäre im Prinzip ja auch wunderbar – wenn er nicht oft den Weg gehen würde, der zur Abtötung aller Sinnesfreuden führt: die Genusssucht.

Logischerweise versucht Typ sieben Schmerz in jeglicher Form zu vermeiden, da Schmerz ja geradezu das Gegenteil von Freude ist. Es fällt ihm schwer zu begreifen, dass gerade Kontraste Wahrnehmungen schärfen und dass daher auch Schmerz bis zu einem gewissen Grad zu einem genussvollen Leben gehört.

Bedürfnis und Anspruch

Das Bedürfnis, das diesen Typ treibt, ist das Bedürfnis nach Befriedigung aller Wünsche und aller Sinne. Das Problem dabei ist nur, dass es eine ständige andauernde Befriedigung nicht gibt. Sobald ein Wunsch befriedigt ist, taucht ein neuer auf.

Der Anspruch, den Siebener an die Welt und sich selbst haben, ist Idealismus. Alles sollte dem epikureischen Ideal folgen und der Freude dienen. Einmal ganz abgesehen davon, dass sie damit dem Philosophen Epikur, der Mäßigung lehrte, unrecht tun, haben idealistische Ansprüche im Allgemeinen wenig Konsequenzen auf das Weltgeschehen.

Angst und Abwehr

Die größte Angst des Typs sieben ist die Angst vor Langeweile. Langeweile ist für ihn die grausamste Form von Schmerz. Und er versucht alles, um dieses schlimmste aller Gefühle auf keinen Fall auftauchen zu lassen. Das lässt ihn immer hektischer nach neuen Empfindungen, Genüssen und Sensationen suchen.

Sein Hauptabwehrmechanismus ist das Rationalisieren. Die Argumentation scheint schlüssig: Wenn ich genieße, fühle ich mich wohl – und es ist ja sinnlos, sich nicht wohl zu fühlen; also ist meine Suche nach Genüssen sinnvoll und geradezu zwingend notwendig. Der Denkfehler liegt darin, dass gerade die hektische Suche nach Genüssen das Genießen auf Dauer erschwert.

Aufmerksamkeit und Blindheit

Vertreter dieses Typs haben einen Blick für Ideale. Alles, was nicht halbherzig und mittelmäßig verfolgt wird, ist ihnen sympathisch und sie fühlen sich davon angezogen.

Genau umgekehrt verhält es sich mit Notwendigkeiten. Manche Dinge sind vielleicht nicht sehr angenehm, aber unabdinglich – gerade auch, wenn es darum geht, das Leben wirklich zu genießen. Mit notwendigen Dingen, die nicht unmittelbar Lust verschaffen, tun sie sich jedoch schwer.

Kernproblematik und Ressource

Das Problem, das fast allen Schwierigkeiten des Typs sieben zugrunde liegt, ist seine Tendenz zur Unmäßigkeit. Haben, haben, haben… dieser Wunsch steht allen positiven Entwicklungen dieses Typs im Weg.

Dem steht jedoch eine äußerst kraftvolle Ressource entgegen, die Vertreter der Sieben zu eigen ist: ihre wahre Lebensfreude. Selbst wenn sie sich tief in Süchte verstrickt haben, kann der Typ sieben seine Freude am Leben, das Staunen über das Wunder der Welt und seine Begeisterungsfähigkeit retten. Und Begeisterung ist stets eine überaus wertvolle Hilfe, um sich von bedrückenden Erlebnissen zu befreien.

Falle und Befreiung

Wenn Siebener sich unglücklich fühlen, führen sie das darauf zurück, dass ihnen etwas fehlt. Das stimmt natürlich. Doch sie sehen nicht, was wirklich fehlt, und sie wollen nun alles, alles, alles haben. Merkwürdigerweise hebt das ihr Unglücklichsein nicht auf…

Wahre Befreiung finden sie in der Kraft der Dankbarkeit. Die Fähigkeit zu genießen ist ein großes Plus – wenn große Achtsamkeit, Bewusstheit und als Folge Dankbarkeit hinzukommen. Dann können sie ihr Leben wahrhaft genießen.

Evolution und Devolution

Die positive Entwicklung des Typs sieben führt ihn zur Fünf. Er blickt dann nicht mehr nur auf das Äußere, sondern geht mehr nach innen und ist bereit, tiefere Erfahrungen als die Freude durch ständiges Konsumieren zu machen.

Unter Druck treibt es ihn dagegen zur Eins. Er versucht dann, eine artifizielle Ordnung herzustellen, indem er

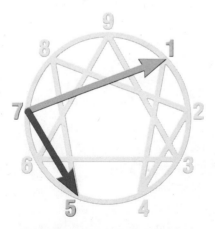

Der Siebener entwickelt sich positiv zur Fünf und negativ zur Eins.

sich an Prinzipien, Personen oder Dinge klammert. Er erhofft sich dadurch eine Befreiung von seinem Schmerz – stattdessen gerät er jedoch immer tiefer hinein.

Berühmte Vertreter des Typs sieben:

W. A. Mozart, H. D. Thoreau, Osho, Franz v. Assisi

Entwicklungstipps für Typ 7

▶ Achten Sie mehr auf Qualität als auf Quantität!

▶ Machen Sie sich klar, dass Sie Glück nicht direkt »herstellen« können – Glückszustände stellen sich ein, wenn man etwas mit ganzem Herzen tut.

▶ Probieren Sie doch einmal aus, wie es ist, mit weniger auszukommen und die Freude am Wesentlichen zu entdecken.

▶ Sie brauchen keine Angst zu haben, zu kurz zu kommen! Wenn Sie allem hinterherlaufen, laufen sie vor allem anderen weg.

▶ Nutzen Sie Ihre wunderbare Fähigkeit, das Leben zu genießen! Wenn Sie dabei die Fähigkeit des Staunens und der Dankbarkeit kultivieren, sind Sie auf dem besten Weg zu einem erfüllten Leben.

▶ Suchen Sie das Glück in Ihnen, anstatt es ausschließlich im Äußeren zu suchen!

▶ Tappen Sie nicht in die Prinzipienfalle! Indem Sie Ihr Leben an Prinzipien ausrichten, beschränken Sie Ihre größte Energie, die Lebensfreude.

Der Machtorientierte

Andere Bezeichnungen für den Typ acht sind: Der Mächtige Krieger (Oscar Ichazo), Der Boss (Helen Palmer) oder Der Führer (Don Richard Riso). Vertreter der Acht wollen möglichst alles kontrollieren und beherrschen. Dabei entwickeln sie jedoch durchaus auch starke Beschützerinstinkte; hinter der rauen Schale steckt oft ein weicher Kern. Den darf jedoch niemand sehen: Es ist ihnen sehr wichtig, ihre Autorität und Macht zu beweisen.

Selbstdefinition und Vermeidung

Achter definieren sich in der Regel so: »Ich bin stark und autonom.« Und sie sorgen auch dafür, dass das zutrifft. Sie irren allerdings, wenn sie glauben, dass diese Definition sie voll und ganz definiert und vor allem, dass diese Selbstdefinition ihnen ein erfülltes Leben garantiert.

Gemäß ihrer Selbstdefinition vermeiden sie vor allem Schwäche – oder auch nur, schwach zu erscheinen. Nur: Jeder Mensch hat selbstverständlich Stärken und Schwächen. Die zwanghafte Vermeidung eines Teiles der eigenen Persönlichkeit kann indes nie auf Dauer gutgehen.

Bedürfnis und Anspruch

Selbstständigkeit ist das Hauptbedürfnis des Typs acht. Er will alles unter Kontrolle halten und von nichts und niemandem abhängig sein. Das scheint erst einmal eine ganz positive und verantwortungsvolle Haltung zu sein – doch es steckt eine ganze Menge Selbsttäuschung dahinter.

Der Anspruch, den er an sich und die Welt hat, ist Gerechtigkeit. Auch das ist sehr ehrbar. Aber welche Gerechtigkeit: verteilende, ausgleichende, strafende? Dieser Typ verrennt sich oft in sein persönliches Gefühl von dem, was gerecht sein soll.

Angst und Abwehr

Dieser Typ Mensch hat keine Angst – glaubt er. In Wirklichkeit treibt ihn jedoch ständig eine Angst um, nämlich die Angst zu unterliegen. Dann nämlich müsste er sich Schwächen eingestehen und, aufgrund seines Konzeptes von Gerechtigkeit, eingestehen, dass er die Niederlage verdient hätte.

Der Hauptabwehrmechanismus des Achters ist Leugnen. Vor allem verleugnet er, auch wenn es völlig offensichtlich ist, eigene Schwächen. Ebenso verleugnet er die ebenfalls offensichtlichen Abhängigkeiten, denen jeder Mensch unterworfen ist. Auch wenn er versagt, neigt er dazu, das zu verleugnen und andere dafür verantwortlich zu machen.

Aufmerksamkeit und Blindheit

Vertreter der Acht haben sehr empfindliche Antennen, wenn es um Kontrolle geht. Einerseits erkennen sie schnell und zutreffend, wie sie andere Menschen kontrollieren können, andererseits sehen sie auch sofort, wenn andere versuchen, Kontrolle über sie auszuüben – dann reagieren sie sehr empfindlich.

Weniger gut erkennen sie Freiheitsbedürfnisse und überhaupt den Wert der Freiheit. Das mag auf den ersten Blick überraschen. Doch tatsächlich haben sie nicht einmal einen Blick für den Wert ihrer eigenen Freiheit. Sie stürzen sich in Aktivitäten und Machtspiele, die sie letztlich auch in ihrer eigenen Freiheit einschränken. Die Freiheit der anderen spielt für sie ohnehin keine Rolle.

Kernproblematik und Ressource

Das größte Problem des Achter-Typus ist seine Aggressivität. Diese Aggressivität macht sich auf allen Ebenen

Die neun Persönlichkeitsprofile

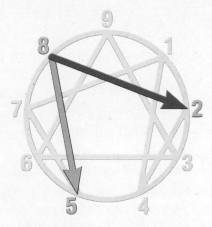

Der Achter entwickelt sich positiv zur Zwei und negativ zur Fünf.

bemerkbar, insbesondere aber auch in der Sexualität – weshalb manche Autoren auch »Lüsternheit« als das Kernproblem dieses Typs angeben. Doch nicht nur in sexuellen Beziehungen, sondern in allen Beziehungen, ja sogar in der Beziehung zu sich selbst macht sich seine Aggressivität bemerkbar.

Natürlich verfügt auch dieser Typus über eine wichtige Ressource, die ihn vor den schlimmsten Fehlentwicklungen bewahrt: Selbstsicherheit. Wenn er seine Selbstsicherheit mit Geduld und Zielstrebigkeit kultiviert, erkennt er, dass es gar nicht notwendig ist, andere zu kontrollieren und zu unterdrücken, um eine starke Persönlichkeit zu sein.

Falle und Befreiung

Wenn diese Menschen merken, dass ihr Leben nicht in den richtigen Bahnen verläuft, nehmen sie oft Zuflucht zu immer stärkerem Egozentrismus. Das bringt ihnen jedoch nicht die Befreiung, die sie sehnlich anstreben.

Wahre Befreiung erreichen sie, indem sie Großmut kultivieren, anderen gegenüber nachsichtig sind und ihnen beistehen – denn sie haben die wertvolle Fähigkeit, anderen zu helfen, ihr Potenzial zu entwickeln. Und dabei entfalten sie ihre eigenen großen Fähigkeiten.

Evolution und Devolution

Achter, die sich sicher fühlen, entwickeln sich in Richtung Zwei – sie erkennen, dass Liebe und Mitmenschlichkeit die größten Mächte sind, die auch ihnen selbst wirkliche Befriedigung verschaffen. Unter Druck gehen sie jedoch zur Fünf und entwickeln eine paranoide Zurückgezogenheit, die ihre Aggressivität noch weiter verstärkt.

Berühmte Vertreter des Typs acht:

Friedrich Nietzsche, Pablo Picasso, Ernest Hemingway, Mahatma Gandhi

Die neun Persönlichkeitsprofile

Entwicklungstipps für Typ 8

▶ Machen Sie sich klar, dass es unvermeidlich ist, von anderen Menschen abhängig zu sein! Allein schon deshalb sollten Sie danach trachten, andere fair zu behandeln.

▶ Sie sollten Geld nicht so sehr überbewerten. Können Sie sich vorstellen, in Ihrer Sterbestunde darüber zu klagen, nicht genug Geld angehäuft zu haben?

▶ Geben Sie Ihre Freiheit nicht der Egozentrik preis! Wer nur um sich selbst kreist, bleibt in sich gefangen und hat nicht die Möglichkeit, über sich hinauszuwachsen.

▶ Lernen Sie, dass es in jeder Hinsicht sinnvoll ist, auf andere zu hören und von ihnen zu lernen! Sie verlieren dadurch nicht an Autonomie – ganz im Gegenteil.

▶ Sie verfügen über ein großes und wertvolles Potenzial: Sie haben die Macht, andere Menschen zu fördern, ihnen Chancen zu eröffnen und ihnen Hoffnung zu geben. Nutzen Sie dieses Potenzial!

▶ Gehen Sie Ihren Ängsten nach. Ja – auch Sie haben Ängste! Wenn Sie sich diese Ängste nicht bewusst machen, werden sie Ihr Leben bestimmen.

▶ Je weniger Macht Sie über andere Menschen ausüben wollen, desto mehr Einfluss werden Sie gewinnen!

Der Harmonieorientierte

Andere Bezeichnungen für den Typ neun sind: Das Faule Genie (Oscar Ichazo), Der Vermittler (Helen Palmer) oder Der Friedliebende (Don Richard Riso). Diesem Typus geht Harmonie über alles. Er will die Unterschiede vereinen, vermitteln und Frieden stiften und ist dafür bereit, viel von sich selbst aufzugeben. Da er nicht wirklich konfliktfähig ist, lässt er den Dingen oft ihren Lauf. Ihm haftet eine gewisse Trägheit an, die er nur schwer überwinden kann. Obwohl viel in ihm steckt, ist er oft einfach zu faul, das auch zu verwirklichen.

Selbstdefinition und Vermeidung

Neuner sagen von sich gerne: »Ich bin friedvoll.« Tatsächlich würde dem wohl auch niemand widersprechen. Allerdings sind sie nicht aktiv friedvoll, sondern passiv: Sie tragen nichts zu Aggressionen bei, aber sie verhindern sie auch nicht – obwohl sie das gern tun würden.

Konflikte sind etwas, das diese Menschen zutiefst verabscheuen. So sehr, dass sie auch notwendigen Konflikten aus dem Weg gehen. Natürlich erkennen sie aber nur sehr schwer, dass Konflikte etwas Natürliches und mitunter notwendig sein können.

Bedürfnis und Anspruch

Das große Bedürfnis des Typs neun ist Einheit und Harmonie. Dabei denkt er aber kaum daran, wie die Welt denn wäre, wenn tatsächlich alles in einer einheitlichen Harmonie aufginge: vielleicht ideal, aber sicherlich nicht mehr menschlich.

Der Anspruch, den er an seine Mitmenschen stellt und bei sich selbst auch praktiziert, ist Selbstvergessenheit. Das klingt natürlich schön, gerade in einer Zeit, in der das Gegenteil, nämlich ein grenzenloser Egoismus, überhandnimmt. Doch wie will man sich weiterentwickeln und wachsen, wenn man sich selbst vollkommen vergessen hat?

Angst und Abwehr

Auch wenn diese Menschen Konflikte scheuen – sie sind eigentlich nicht besonders ängstlich. Nur eines fürchten sie enorm: Trennung. Die Vorstellung, von einem geliebten Menschen getrennt zu sein, löst geradezu Vernichtungsgefühle aus. Wenig entwickelte Neuner fürchten jede Form von Trennung vom Gewohnten und sind daher sehr konservativ.

Der wichtigste Abwehrmechanismus der Neun ist Betäubung. Dieser Abwehrmechanismus ist nicht ungefährlich – insbesondere, wenn Alkohol oder andere harte Drogen ins Spiel kommen. Neuner fühlen sich oft wohl, wenn sie ein wenig benebelt sind – und deshalb schlafen sie gern. Interessanterweise leiden sie jedoch nicht selten unter Schlafstörungen, die wiederum weitere Betäubung nahelegen – ein schwer zu durchbrechender Kreis.

Aufmerksamkeit und Blindheit

Vertreter der Neun gehören zu den Menschen, die die Komplexität der Welt nicht unterschätzen und oft auch ansatzweise begreifen können. Das macht sie zu guten Vermittlern und ermöglicht ihnen tiefe Erkenntnisse über die Zusammenhänge.

Im Gegensatz dazu erkennen sie kaum, was in einer bestimmten Situation das Wesentliche ist. Sie springen von einer Idee zur anderen, probieren dies und das, wollen vermitteln, harmonisieren und verbinden und kommen doch nur schwer zum Ziel.

Die neun Persönlichkeitsprofile

Kernproblematik und Ressource

Das Hauptproblem des Typs neun ist seine Trägheit. Allerdings kann man sich schon fragen, ob dies vielleicht nur ein Problem in der heutigen hektischen, zivilisierten Welt ist. Ein Problem ist jedoch in jedem Fall, dass dieser Typus sich auch schwer tut, genug Aktivität zu entfalten, um sich selbst zu entwickeln.

Er hat jedoch einen sehr starken Rettungsanker, wenn sein Leben in falschen Bahnen verläuft: sein aufrichtiges Interesse an Menschen. Das hält ihn davon ab, auch wenn er sich mit Alkohol oder Drogen betäubt, wirklich tief in einer Sucht zu versinken. Das Interesse an seinen Mitmenschen gibt ihm dann letztlich doch genug Kraft und Energie, um sich wieder aus seiner Lage zu befreien.

Falle und Befreiung

Die Falle, in die sich Neuner, die nach dem richtigen Weg suchen, häufig begeben, liegt auf der Hand: Harmonie um jeden Preis. Sie sind dann sogar bereit, sich selbst aufzugeben – doch dadurch, dass sie sich selbst unterdrücken, wird die Welt nicht wirklich harmonischer.

Wirkliche Befreiung finden diese Menschen, wenn sie die Kraft der Geduld kultivieren. Geduld mag manchmal als Trägheit erscheinen, unterscheidet sich jedoch gewaltig. Geduld hat nämlich ein Ziel.

Evolution und Devolution

Vertreter des Neuner-Typus bewegen sich, wenn sie nicht unter Druck stehen, in Richtung Drei. Dann entwickeln sie die Fähigkeit, etwas Wichtiges zu bewegen und ein

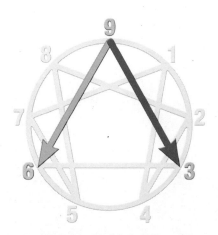

Der Neuner entwickelt sich positiv zur Drei und negativ zur Sechs.

Ziel – mit der ihnen eigenen Geduld – zu verfolgen und die Welt tatsächlich etwas friedlicher und harmonischer zu gestalten. Damit wächst auch ihre Selbstachtung und ihr Selbstbewusstsein.

Unter Stress bewegen sie sich zur Sechs. Dann nehmen Ängste überhand, und sie machen sich noch kleiner. Manchmal werden dann die Ängste so stark, dass die so friedliebenden Zeitgenossen andere verbal und emotional angreifen.

Berühmte Vertreter des Typs neun:

Alfred Hitchcock, Ringo Starr, C. G. Jung, Papst Johannes XXIII. (Angelo Roncalli)

Entwicklungstipps für Typ 9

▶ Versuchen Sie, Achtsamkeit und Präsenz zu kultivieren und möglichst viel von der Welt, in der Sie leben, wahrzunehmen.

▶ Öffnen Sie Ihre Sinne, und entdecken Sie, was es alles wahrzunehmen gibt!

▶ Lernen Sie, Ihren Körper zu spüren! Yoga, Qigong, Tai-Chi oder andere Übungswege helfen Ihnen dabei.

▶ Öffnen Sie sich Ihren Gefühlen!

▶ Vermeiden Sie, Zuflucht zu Betäubungsmitteln, Alkohol oder anderen Drogen zu nehmen!

▶ Konflikte gehören auch zu harmonischen Beziehungen! Das Leben ist nicht statisch, sondern in ständiger Bewegung.

▶ Leben Sie Ihr Leben jetzt!

Das Enneagramm im Überblick

Es ist nicht leicht, die Vielzahl der Eigenschaften aller neun Enneagramm-Typen im Kopf zu behalten. Auf den folgenden Seiten finden Sie daher für die verschiedenen Dimensionen des Enneagramms Gegenüberstellungen aller neun Typen. Das hilft Ihnen nicht nur, wenn Sie auf die Schnelle etwas nachschlagen wollen, sondern Sie bekommen dadurch auch allmählich ein besseres Gefühl für die Dynamik zwischen den Typen des Enneagramms.

Die neun Persönlichkeiten

Jeder Mensch trägt unzählige charakterliche und wesenstypische Facetten in sich. Was aber genau macht den Kern seines ganz persönlichen Wesens aus? Dieser spiegelt sich im zur jeweiligen Person passenden Enneagramm-Typ wider. Und jeder Typ ist Anfechtungen ebenso ausgesetzt, wie er die Chance hat, sich zu seinem Besten zu entwickeln.

Triadenerklärung: □ = Bauch   ○ = Herz   △ = Kopf

Das Enneagramm im Überblick

Selbstdefinition und Vermeidung

Wie würden Sie sich selbst mit einem Satz charakterisieren? Für jeden der neun Enneagramm-Typen gibt es einen solchen Satz, der zum Ausdruck bringt, wohin dieser Typ strebt. Und ebenso gibt es charakterliche Eigenschaften, die dieser Selbstdefinition entgegenstreben; es gehört zur Natur des Menschen, eben diese Eigenschaften tunlichst zu vermeiden, da sie behindernd wirken können auf Ihrem Weg zur Selbstverwirklichung.

Selbstdefinition und Vermeidung

Enneagramm-Typ	Selbstdefinition	Vermeidung
1	Ich bin vernünftig.	Ärger
2	Ich bin liebevoll und hilfsbereit.	Hilflosigkeit
3	Ich bin erfolgreich und werde bewundert.	Versagen
4	Ich bin etwas Besonderes.	Durchschnittlichkeit
5	Ich bin klug.	Leere
6	Ich bin zuverlässig und liebenswert.	Normabweichung
7	Ich genieße das Leben.	Schmerz
8	Ich bin stark und autonom.	Schwäche
9	Ich bin friedvoll.	Konflikte

Bedürfnis und Anspruch

Zur Selbstverwirklichung zählt, dass jeder Mensch entsprechend seinem Enneagramm-Typ ein spezielles Bedürfnis sein Eigen nennt, das ihm wichtiger ist als alles andere. Nicht nur wird er danach streben, dieses Bedürfnis erfüllt zu wissen, es erwächst ihm daraus auch ein Grundanspruch, den er – bei sich und bei anderen – eingelöst sehen will.

Bedürfnis und Anspruch

Enneagramm-Typ	Bedürfnis	Anspruch
1	Recht haben	Vollkommenheit
2	Geliebt werden	Helfen
3	Anerkannt werden	Tüchtigkeit
4	Sich selbst verstehen	Originalität
5	Die Welt verstehen	Wissen
6	Geborgenheit	Sicherheit
7	Befriedigung	Idealismus
8	Selbstständigkeit	Gerechtigkeit
9	Einheit und Harmonie	Selbstvergessenheit

Angst und Abwehr

Genau wie jeder Mensch spezifische Bedürfnisse und Ansprüche pflegt, so begleiten ihn auch bestimmte Grundängste, die alle anderen Befürchtungen und Unsicherheiten übersteigen und die in seinem Enneagramm-Typ verankert sind. Ebenso verfügt jeder Typ über einen charakteristischen Abwehrmechanismus, um diesen Ängsten Herr zu werden.

Angst und Abwehr

Enneagramm-Typ	Angst	Abwehr
1	Verurteilt werden	Selbstkontrolle
2	Ungeliebt sein	Verdrängung
3	Ablehnung	Identifikation
4	Unzulänglichkeit	Sublimation
5	Unbegreiflichkeit	Isolation
6	Verrat	Projektion
7	Langeweile	Rationalisieren
8	Unterliegen	Leugnen
9	Trennung	Betäubung

Aufmerksamkeit und Blindheit

Es gehört zu den Grundcharakteristika jedes Enneagramm-Typs, auf bestimmte Dinge – seien es Eigenschaften, Situationen oder Beziehungen – sein besonderes Augenmerk zu richten. Die Wichtigkeit, die diese Dinge für ihn einnehmen, verführen ihn jedoch oft, nichts anderes mehr anzuerkennen, was zu einer eingeschränkten Wahrnehmung führen kann.

Aufmerksamkeit und Blindheit		
Enneagramm-Typ	Aufmerksamkeit	Blindheit
1	Richtig und falsch	Emotionale Zwischentöne
2	Anerkennung	Würde anderer
3	Leistungen	Eigenschaften
4	Das Gute im Fehlenden	Das Gute im Vorhandenen
5	Anforderungen	Bedürfnisse
6	Absichten	Motive
7	Ideale	Notwendigkeiten
8	Kontrolle	Freiheit
9	Komplexität	Das Wesentliche

Das Enneagramm im Überblick

Kernproblematik und Ressource

Natürlich gehört zu den Eigenschaften eines Typs auch stets eine solche, die zu Problemen in der Selbstverwirklichung führt. Ein jeder Typ verfügt jedoch ebenso über eine bestimmte charakterliche Ressource, die ihm, auch wenn er schon tief in diese Probleme verstrickt ist, als Rettungsanker dienen und ihm helfen kann, Lösungen zu finden.

Kernproblematik und Ressource		
Enneagramm-Typ	Kernproblematik	Ressource
1	Empfindlichkeit	Rationales Denken
2	Stolz	Einfühlungsvermögen
3	Täuschung	Orientierung an anderen
4	Neid	Selbsterforschung
5	Habsucht	Beobachtungsgabe
6	Ängstlichkeit	Beziehungsfähigkeit
7	Unmäßigkeit	Lebensfreude
8	Aggression	Selbstsicherheit
9	Trägheit	Interesse an Menschen

Falle und Befreiung

Bei der Suche nach Selbstverwirklichung kann der Mensch einen für seinen Enneagramm-Typ charakteristischen Irrweg einschlagen, der seine Bemühungen ins Negative kehrt. Zur Befreiung aus einer solchen Falle helfen ihm bestimmte, ebenfalls für ihn typische Tugenden, die er entwickeln muss, wenn er sein positives Potenzial zur Gänze ausschöpfen möchte.

Falle und Befreiung

Enneagramm-Typ	Falle	Befreiung
1	Seine Pflicht erfüllen	Gelassenheit
2	Gute Absichten	Demut
3	Konkurrieren	Aufrichtigkeit
4	In Phantasien flüchten	Ausgeglichenheit
5	Alles analysieren wollen	Weisheit
6	Sich in Abhängigkeit begeben	Vertrauen
7	Alles haben wollen	Dankbarkeit
8	Egozentrismus	Großmut
9	Harmonie um jeden Preis	Geduld

Evolution und Devolution

Es besteht für jeden die Chance, sich zu entwickeln. Allerdings besteht auch die Gefahr, sich unter Stress zurückzuentwickeln und zunehmend negative Eigenschaften anzunehmen. Die Entwicklung – Evolution – verläuft in Richtung der positiven Eigenschaften eines anderen Typs. Die Rückentwicklung – Devolution – zielt ebenfalls auf einen anderen Typ, allerdings auf dessen negative Charakteristika und Bedürfnisse.

Evolution und Devolution		
Devolution (bei Stress)	Enneagramm-Typ	Evolution (bei Sicherheit)
4	1	7
8	2	4
9	3	6
2	4	1
7	5	8
3	6	9
1	7	5
5	8	2
6	9	3

Die neun Persönlichkeiten

Positive Entwickung

Negative Entwicklung

Das Umsetzen von Erkenntnissen

Wenn Sie nun dieses Buch durchgearbeitet haben, verfügen Sie über ein machtvolles Werkzeug zur Selbsterkenntnis. Wie wir gelernt haben, ist Selbsterkenntnis der erste und wichtigste Schritt einer langen Entwicklung, an deren Zielpunkt die Selbstverwirklichung steht. Ein Werkzeug allein verrichtet allerdings keine Arbeit: Es kommt immer darauf an, wie es gebraucht wird, und der Gebrauch erfordert stete Übung. Lassen Sie sich mutig darauf ein; es besteht keine Gefahr, dass Sie sich mit dem Werkzeug, das Ihnen dieses Buch liefert, verletzen.

Das Enneagramm ist ein Weg zu Ihrer Seele, den Sie gehen können, ohne Risiken und Nebenwirkungen befürchten zu müssen. Sie müssen sich nicht einmal davor fürchten, dass Sie dieser Weg nicht weiterführt. In der Tat ist es nämlich sehr unwahrscheinlich, dass Ihnen das Enneagramm nicht hilft, sich selbst besser zu verstehen und zu wachsen.

Dabei bestimmen Sie selbst – und ausschließlich Sie selbst – wie schnell oder langsam, wie intensiv oder vorsichtig Sie auf Ihrem persönlichen Weg voranschreiten.

Das Enneagramm sagt Ihnen nicht, dass Sie jemand anderes sein sollten als der, der Sie sind. Es zeigt Ihnen nur, wo möglicherweise die unsichtbaren Hindernisse auf dem Weg zu sich selbst liegen, wie Sie diese Hindernisse erkennen, überwinden oder sogar für Ihre Zwecke nutzen können, und was Sie tun können, um Ihr Potenzial auszuschöpfen. Je offener Sie sind, desto intensiver und schneller werden Sie Fortschritte bei der Aufgabe der Selbsterkenntnis machen – Offenheit ist eine Grundvoraussetzung jeder Entwicklung.

Wachstum zulassen

Der Enneagramm-Weg hält oft Überraschungen für Sie bereit. In der Regel werden die Überraschungen angenehm sein – plötzliche Einsichten in die eigenen Motive, das Entdecken eigener Möglichkeiten, das befreiende Gefühl, das sich einstellt, wenn man in seinem Herzen fühlt, dass man in Ordnung ist, so wie man ist.

Eine dieser Überraschungen betrifft auch die eigene Zuordnung zu einer Enneagramm-Persönlichkeit. Es gibt Menschen, denen es sehr schwer fällt, sich einem Typus zuzuordnen, und andere, die sofort sagen: »Das bin ich!« Und sehr oft erleben beide eine Überraschung.

Das Enneagramm im Überblick

Dass es nicht immer leicht fällt, sich für einen der neun Typen zu entscheiden, ist verständlich: Denn tatsächlich hat jeder Mensch Eigenschaften aller neun Typen – von manchen mehr, von anderen weniger.

Doch der Wesenskern eines jeden Menschen ist tatsächlich immer ein Enneagramm-Typ. Die Überraschung kommt, wenn Sie sich ein wenig mit dem Enneagramm beschäftigen – plötzlich wird klar, dass tatsächlich ein Typus bestimmend ist.

Andere erkennen relativ schnell, welcher Enneagramm-Typ auf sie zutrifft. Das heißt: Sie glauben, es zu erkennen. Wenn sie sich dann intensiver mit dem Enneagramm auseinandersetzen, stellen sie jedoch oft überrascht fest, dass sie wohl doch ein anderer Typus sind, als sie zunächst meinten. Beide Überraschungen sind Zeichen dafür, dass bereits Wachstum stattgefunden hat.

Irrwege zum Ziel

Manche Irrungen auf dem Weg zu sich selbst sind ziemlich systematisch. So geschieht es recht häufig, dass sich Menschen zunächst mit einem der Flügel ihres wahren Enneagramm-Typs identifizieren. Mir ging es beispielsweise so, dass ich eine Weile ziemlich sicher war, eine typische Vier zu sein – bis ich dann, wenn auch widerwillig, erkannte, dass ich wohl doch eher ein Fünfer bin.

Diese Irrungen sind jedoch nicht schädlich. Sie gehören zum Weg der Selbsterkenntnis. Sorgen Sie sich also nicht übermäßig, ob Sie Ihren wahren Enneagramm-Typ gefunden haben. Das Einzige, was passiert, ist, dass Ihr Wachstum nicht ganz so schnell vorankommt, wie es der Fall ist, wenn Sie auf Ihren wahren Wesenskern gestoßen sind.

Zu sich selbst stehen

Wirklich wichtig ist, dass Sie sich absolut klarmachen, dass das Enneagramm niemals sagt, wer Sie sein sollten. Es sagt Ihnen auch niemals, dass Sie jemand anders sein müssen. Die Erkenntnisse, die Ihnen das Enneagramm bringen kann, sind stets eine Befreiung: Sie sind Sie selbst, und Sie sind gut so, wie Sie sind – und Sie haben ein gewaltiges Potenzial zur Entwicklung, ganz gleich, welcher Typ Sie sind.

Je mehr Sie wirklich Sie selbst sind und nicht jemand anders sein wollen, desto leichter wird Ihr Leben, und desto leichter wird es Ihnen gelingen, Ihre Möglichkeiten zu entfalten, sich zu entwickeln und zu wachsen. Setzen Sie sich nicht unter Druck!

Offenheit und Neugier

Beobachten Sie sich selbst, versuchen Sie offen für neue Eindrücke zu bleiben, achten Sie auf Ihre Reaktionen, wenn Sie die Enneagramm-Profile studieren. Sehr interessant kann es werden, wenn Sie den Eigenschaften jener Enneagramm-Persönlichkeiten nachgehen, von denen Sie ganz sicher sind, dass Sie nicht dazugehören. Welche Eigenschaften der einzelnen Typen sind Ihnen besonders zuwider? Was können Sie an anderen nicht ertragen? Und warum fällt es Ihnen schwer, in diesen Eigenschaften etwas Positives zu sehen? Gehen Sie diesen Fragen nach, und Sie werden weitere Überraschungen erleben...

Andere besser verstehen

Wenn Sie anfangen, sich intensiv mit dem Enneagramm auseinanderzusetzen, werden Sie unweigerlich damit beginnen, andere Menschen nach den Kriterien des Enneagramms einzuschätzen. Das bedeutet auch, dass Sie Ihre Mitmenschen in »Enneagramm-Schubladen« stecken. Das ist praktisch unvermeidlich. Und es ist auch nicht wirklich ein Problem, solange Sie nicht damit anfangen, diesen Schubladen zusätzliche Etiketten anzuheften – »schlecht«, »unsympathisch«, »unzuverlässig«, »brauchbar«...

Behalten Sie immer im Auge, dass Sie durch das Enneagramm zwar mehr erkennen, aber niemals alles!

Zusammenhänge erkennen

Ihr Blick für bestimmte Zusammenhänge ist durch die Arbeit mit dem Enneagramm geschärft und verändert Ihre Wahrnehmung. Sie werden dann einige Dinge, die nicht ins Bild passen, ausblenden – aber insgesamt wird Ihr Blick für Ihre Mitmenschen schärfer werden.

Dies ist ein weiterer positiver Aspekt: Mit Ihrer Selbsterkenntnis wird auch Ihre Menschenkenntnis wachsen. Tatsächlich ist das Enneagramm auch ein hervorragendes Werkzeug zur Menschenkenntnis und ein Leitfaden zum Umgang mit Menschen.

Um dieses Werkzeug richtig einzusetzen, gilt eine Faustregel: Wenn Sie Menschen nach den Kriterien des Enneagramms einschätzen, sollten Sie nicht die problematischen oder negativen Aspekte zur Einschätzung heranziehen, sondern stets nur die positiven Kräfte. Dann wird es Ihnen leichter fallen zu lernen, den wertvollen Wesenskern Ihrer Mitmenschen zu verstehen, ihre Möglichkeiten und ihr Potenzial zu erkennen, ihre Entwicklungsmöglichkeiten zu sehen und in positiver, wertschätzender, verstehender und niemals verurteilender Weise auf sie zugehen können.

Und indem Sie stetig üben, die positive Aspekte Ihrer Mitmenschen zu erkennen, werden Sie wiederum sich selbst immer besser verstehen können.

Literatur

Bennett, John G.: *Gurdjieff. Ursprung und Hintergrund seiner Lehre.* Heyne, München 1998

Frings Keyes, Margaret: *Transformiere deinen Schatten. Die Psychologie des Enneagramms.* Rowohlt, Reinbek 1992

Gurdjieff, George: *Begegnungen mit bemerkenswerten Menschen.* Heyne, München 1999

Ichazo, Oscar: *Lebenskraft aus der Mitte.* Knaur, München 1990

Naranjo, Claudio: *Erkenne dich selbst im Enneagramm. Die 9 Typen der Persönlichkeit.* Kösel, München 1994

Palmer, Helen: *Das Enneagramm. Sich selbst und andere verstehen lernen.* Knaur, München 1991

Riso, Don Richard: *Die neun Typen der Persönlichkeit und das Enneagramm.* Knaur, München 1989

Riso, Don Richard: *Das Enneagramm-Handbuch.* Knaur, München 1993

Rohr, Richard/Ebert, Andreas: *Das Enneagramm. Die 9 Gesichter der Seele.* Claudius, München 2002

Tart, Charles: *Die innere Kunst der Achtsamkeit. Ein Handbuch für das Leben im gegenwärtigen Moment.* Arbor, Freiamt 1996

Register

Abhängigkeit 57, 82, 93
Ablehnung, Angst vor 62
Abwehrmechanismus 69, 74, 80, 87, 92, 99, 110
Achtsamkeit 88
Aggressionen 59, 97
Aggressivität 93 ff.
Alkohol 99 f.
Angst und Abwehr 30, 50, 56, 62, 68, 74, 80, 86, 92, 98, 110
Angst/Ängste 9, 23, 74, 80, 83
Aufmerksamkeit und Blindheit 31, 51, 57, 63, 69, 75, 81, 87, 93, 99, 111
Ausgeglichenheit 70

Bedürfnis und Anspruch 30, 50, 56, 62, 68, 74, 80, 86, 92, 98, 109
Begeisterungsfähigkeit 88
Betäubung 99
Bewusstheit 88
Buddhismus 18

Dankbarkeit 88
Depressionen 67 f.
Der Erfolgsorientierte 26, 61, 107
Der Erkenntnisorientierte 26, 73, 107
Der Harmonieorientierte 27, 97, 107
Der Liebesorientierte 26, 55, 107
Der Lustorientierte 27, 85, 107
Der Machtorientierte 27, 92, 107
Der Prinzipienorientierte 26, 49, 107
Der Selbstorientierte 26, 67, 107
Der Sicherheitsorientierte 26, 79, 107
Devolutionslinien 34, 36, 71
Drogen 99 f.
Durchschnittlichkeit 67

Egozentrik 95
Empfindlichkeit 52
Entwicklung, Potenzial zur 120
Entwicklungslinien des Enneagramms 33
Epikur 86
Evert, Andreas 14
Evolution und Devolution 32 f., 53, 59, 64, 71, 76, 83, 89, 95, 101, 114
Evolutionslinien 34

Falle und Befreiung 32, 52, 58, 64, 70, 76, 82, 88, 95, 100, 113
Feindseligkeit, emotionslose 65
Flügel 27
Freiheitsbedürfnis 93

Geborgenheitsbedürfnis 80
Grundängste 11, 26, 68, 80
Grundbedürfnis 26, 56, 62
Gurdjieff, George Iwanowitsch 16

Habsucht 75
Hilfsbereitschaft 55

Ichazo, Oscar 16, 32, 49, 55, 61, 67, 73, 79, 85, 91, 97
Idealismus 86
Individualität 67, 70
Islam 14
Isolation 74

Kabbala, jüdische 14
Kernproblematik und Ressource 31, 52, 57, 63, 69, 75, 81, 88, 93, 100, 112
Kirchner, Athanasius 14
Konkurrenzdenken 65
Kontrolle 75, 93
Kreativität 70

Lebensfreude 88
Lebenssinn 9

Lebensthema 11
Lullus, Raimundus 14

Mathematik, Basis der 15
Menschenkenntnis 21, 23
Menschenverständnis 21
Motivation 29
Mystik, christliche 18
Mystik, jüdische 18

Naranjo, Claudio 13, 17

Ochs, Robert 17
Ordnung, mathematische 15

Palmer, Helen 13, 17, 49, 55, 61, 67, 73, 79, 85, 91, 97
Pythagoras 15 f.
Pedant 52
Perfektionismus 52 f.
Persönlichkeit, Kern der 22
Persönlichkeiten/Persönlichkeitstypen 11, 24 ff., 27, 34, 107
Persönlichkeitsprofile 25 ff., 30, 37 ff., 47 ff.
Philosophie 19 f.
Ponticus, Evagrius 14
Projektion 80
Psychologie 19 f.
Psychologie, Humanistische 19 f.

Rechthaberei 52
Riso, Don Richard 13, 17, 38,

Register

49, 55, 61, 67, 73, 79, 85, 91, 97

Schlafstörungen 99
Schwächen 9
Selbstachtung 102
Selbstbewusstsein 102
Selbstdefinition 23, 26, 91, 108
Selbstdefinition und Vermeidung 29f., 49, 55, 61, 67, 73, 79, 85, 91, 97, 108
Selbsterkenntnis 9, 11, 19f., 59, 116f.
Selbstfindung, Wegweiser zur 22
Selbstkontrolle 50f.
Selbstsicherheit 94
Selbsttäuschung 23, 92
Selbstvertrauen 65
Selbstverwirklichung 108, 112f., 116
Selbstwahrnehmung 69
Selbstwertgefühl 55, 57
Selbstzweifel 67
Sicherheit, emotionale 80

Spiritualität 19f.
Stärken 9
Sufismus 14

Tendenzen, negative 64
Tradition, mystische 14
Triaden
– Bauchmenschen 24
– Herzmenschen 25
– Kopfmenschen 25

Unmäßigkeit 88

Vermeidung, zwanghafte 91
Versuchung, charakteristische 26
Vielschichtigkeit des Menschen 11

Wahrnehmung
– eingeschränkte 111
– persönliche 41
Wesenskern, zentraler 26, 44, 47
Wurzeln, altchristliche 14

Zwischentöne, emotionale 51